游客真实性体验对乡村民宿品牌资产的影响机制研究

高舒锐 著

燕山大学出版社

·秦皇岛·

图书在版编目(CIP)数据

游客真实性体验对乡村民宿品牌资产的影响机制研究/高舒锐著.—秦皇岛：燕山大学出版社,2024.5

ISBN 978-7-5761-0632-9

Ⅰ.①游… Ⅱ.①高… Ⅲ.①乡村旅游—旅馆—品牌—资产管理—研究—中国 Ⅳ.①F726.92

中国国家版本馆 CIP 数据核字(2024)第 028098 号

游客真实性体验对乡村民宿品牌资产的影响机制研究
YOUKE ZHENSHIXING TIYAN DUI XIANGCUN MINSU PINPAI ZICHAN DE YINGXIANG JIZHI YANJIU

高舒锐 著

出 版 人：陈 玉	
责任编辑：孙志强	策划编辑：孙志强
责任印制：吴 波	封面设计：刘馨泽
出版发行：燕山大学出版社 YANSHAN UNIVERSITY PRESS	电 话：0335-8387555
地 址：河北省秦皇岛市河北大街西段 438 号	邮政编码：066004
印 刷：涿州市般润文化传播有限公司	经 销：全国新华书店
开 本：710 mm×1000 mm 1/16	印 张：10.5
版 次：2024 年 5 月第 1 版	印 次：2024 年 5 月第 1 次印刷
书 号：ISBN 978-7-5761-0632-9	字 数：190 千字
定 价：41.00 元	

版权所有 侵权必究
如发生印刷、装订质量问题，读者可与出版社联系调换
联系电话：0335-8387718

前 言

随着乡村民宿业的快速发展,在国家和市场的双重引导下,乡村民宿品牌化有助于建立经营体的独特优势,获取可持续性竞争力。乡村民宿作为非标准化住宿服务组织,其品牌发展道路区别于一般产品及服务品牌。本书从基于消费者的品牌资产视角出发,认为游客真实性体验作为乡村民宿品牌的核心体验,能够通过建立品牌形象,为乡村民宿积累品牌资产。目前,学术界对乡村民宿品牌发展问题尚缺乏专门性的研究,对于如何度量乡村民宿品牌资产、探讨其影响机制等问题尚有一定的研究空白。本书针对游客真实性体验与乡村民宿品牌资产的相关关系进行量化分析,构建游客真实性体验对乡村民宿品牌资产的影响模型,通过实证检验及影响模式的细分,试图梳理游客真实性体验对乡村民宿品牌资产的影响机制。主要内容如下:

第一,确定游客真实性体验与乡村民宿品牌资产之间的关系。研究通过分析乡村民宿品牌发展现状及其现存问题,提出游客真实性体验与乡村民宿品牌资产的关系假设。运用元分析技术,对游客真实性体验与旅游品牌资产相关关系的主效应、调节效应及中介效应进行检验,通过对效果量的汇总统计,发现游客真实性体验对旅游品牌资产具有显著的高度相关关系,其中餐饮、住宿类(含民宿)旅游接待部门的相关性较强,品牌形象在游客真实性体验与品牌资产的关系中充当中介。最终对游客真实性体验与乡村民宿品牌资产的关系进行归纳,即"游客真实性体验—品牌资产"的直接影响关系和"游客真实性体验—品牌形象—品牌资产"的间接影响关系。

第二,构建游客真实性体验对乡村民宿品牌资产影响的理论模型。通过词频分析、扎根编码等方法对乡村民宿网络游记进行文本分析,确定乡村民宿游客真实性体验的具体维度,将其划分为乡村原真体验、独特风格体验、真挚服务体验、自我关联体验;品牌资产以"消费者对该品牌与其竞争者相比的品牌偏好"作为操作性定义,选取单一维度为结果变量;品牌形象依据刻板印象理论,选取品牌能力形象、品牌温暖形象两个维度。确定主要变量后,提出变量间关系的研究假设并进行初步检验,最终构建游客真实性体验对乡村民宿品牌资产影响的理论模型。

第三,对理论模型进行实证检验。通过问卷设计,选取京津冀地区为典型案例地进行问卷发放,对通过信效度检验的问卷数据进行结构方程模型分析,研究结果显示,游客真实性体验对乡村民宿品牌资产存在着直接影响路径和间接影响路径,其中独特风格体验、自我关联体验能够对乡村民宿品牌资产产生显著的正向影响,而游客真实性体验各维度均能够通过品牌能力形象、品牌温暖形象来影响乡村民宿品牌资产。

第四,分析游客真实性体验对乡村民宿品牌资产的细分影响模式。利用fsQCA方法对实证研究结果进行细化研究,探讨游客真实性体验各维度组合驱动下的品牌资产影响模式,并引入情境变量(民宿规模、民宿区位、游客年龄、游客收入),探讨不同情境下游客真实性体验对乡村民宿品牌资产的影响模式。研究结果显示,游客真实性体验对乡村民宿品牌资产共存在5种基本影响模式:情感驱动型、独特情怀驱动型、民俗驱动型、地方文化驱动型、客体真实驱动型;以及多种特殊影响模式:均衡驱动型、环境感知驱动型、综合服务驱动型、人员驱动型、独特文化驱动型。通过对影响模式适用性的比较,分析了不同情境条件下游客真实性体验对乡村民宿品牌资产的影响特征,为乡村民宿品牌依据不同情境进行品牌资产建设提供了相关依据。

第五,提出基于游客真实性体验的乡村民宿品牌资产提升策略。通过对各章研究结果的分析,形成游客真实性体验对乡村民宿品牌资产影响机制的完整图景。其中以品牌资产为结果因素,乡村原真体验、独特风格体验、真挚服务体验、自我关联体验是主要的驱动因素,品牌能力形象、品牌温暖形象则是其中的中介因素,民宿规模、民宿区位、消费者年龄、消费者收入构成情境因素。"游客真实性体验—品牌资产""游客真实性体验—品牌形象—品牌资产"两条路径分别形成游客真实性体验对乡村民宿品牌资产的直接影响机制、间接影响机制(传导机制);游客真实性体验各维度形成协同机制,通过组合作用影响乡村民宿品牌资产,各情境因素对其形成调节机制。依据研究结果,从优化游客真实性体验、塑造乡村民宿品牌形象、乡村民宿品牌差异化定位三个方面,针对乡村民宿品牌资产提供相应的提升策略。

目 录

第1章 绪论 ... 1
1.1 研究的背景和意义 ... 1
1.1.1 研究背景 ... 1
1.1.2 研究意义 ... 2
1.2 国内外相关研究文献综述 ... 4
1.2.1 国外研究现状 ... 4
1.2.2 国内研究现状 ... 9
1.2.3 国内外研究述评 ... 12
1.3 研究内容与研究方法 ... 13
1.3.1 研究内容 ... 13
1.3.2 研究方法 ... 15

第2章 相关概念及理论基础 ... 17
2.1 相关概念 ... 17
2.1.1 乡村民宿 ... 17
2.1.2 品牌资产 ... 18
2.1.3 真实性体验 ... 18
2.1.4 品牌形象 ... 19
2.2 理论基础 ... 20
2.2.1 Berry 的服务企业品牌资产理论 ... 20
2.2.2 真实性理论 ... 21
2.2.3 品牌拟人化形象理论 ... 24
2.2.4 品牌定位理论 ... 25
2.3 本章小结 ... 28

第3章 游客真实性体验与乡村民宿品牌资产的关系分析 ········· 29
3.1 乡村民宿品牌发展现状与问题分析 ················· 29
3.1.1 乡村民宿品牌发展现状 ····················· 29
3.1.2 乡村民宿品牌资产建设的现存问题 ············· 32
3.2 游客真实性体验与乡村民宿品牌资产的关系假设 ······· 35
3.2.1 游客真实性体验对乡村民宿品牌资产的作用分析 ··· 35
3.2.2 关系分类及假设 ························· 37
3.3 游客真实性体验与乡村民宿品牌资产关系的元分析 ····· 40
3.3.1 元分析统计方法 ························· 40
3.3.2 数据来源 ······························ 41
3.3.3 主效应及调节效应检验 ···················· 42
3.3.4 中介效应检验 ··························· 45
3.3.5 敏感性及发表偏误 ······················· 47
3.3.6 综合结果分析 ··························· 47
3.4 本章小结 ··································· 48

第4章 游客真实性体验对乡村民宿品牌资产的影响模型构建 ····· 49
4.1 游客真实性体验的维度选取 ····················· 49
4.1.1 游客真实性体验的相关维度 ················· 49
4.1.2 研究方法及资料来源 ····················· 51
4.1.3 文本分析过程 ··························· 52
4.1.4 维度划分结果 ··························· 60
4.2 品牌资产、品牌形象的维度选取 ················· 62
4.2.1 品牌资产的维度选取 ····················· 62
4.2.2 品牌形象的维度选取 ····················· 65
4.3 研究假设的提出 ····························· 67
4.3.1 游客真实性体验与品牌形象的关系假设 ········· 67
4.3.2 游客真实性体验与品牌资产的关系假设 ········· 70
4.3.3 品牌形象与品牌资产的关系假设 ············· 72
4.4 元分析检验与理论模型构建 ····················· 73
4.4.1 变量间关系的元分析 ····················· 73

- 4.4.2 理论模型 …… 78
- 4.5 本章小结 …… 79

第5章 游客真实性体验对乡村民宿品牌资产影响模型的实证检验 …… 80
- 5.1 问卷设计与发放 …… 80
  - 5.1.1 问卷设计过程 …… 80
  - 5.1.2 问卷内容 …… 82
  - 5.1.3 问卷的预测试 …… 84
  - 5.1.4 问卷正式发放与回收 …… 85
- 5.2 描述性统计与信效度分析 …… 86
  - 5.2.1 描述性统计 …… 86
  - 5.2.2 信效度检验 …… 88
- 5.3 结构方程模型检验 …… 93
  - 5.3.1 结构方程模型建立 …… 93
  - 5.3.2 模型拟合度检验 …… 94
  - 5.3.3 假设检验 …… 95
  - 5.3.4 修正模型 …… 98
- 5.4 影响路径分析 …… 98
  - 5.4.1 "真实性体验—品牌资产"的影响路径 …… 99
  - 5.4.2 "真实性体验—品牌形象—品牌资产"的影响路径 …… 99
- 5.5 本章小结 …… 102

第6章 游客真实性体验对乡村民宿品牌资产的影响模式细分比较 …… 103
- 6.1 真实性体验对乡村民宿品牌资产影响的差异化分析 …… 103
  - 6.1.1 真实性体验驱动的差异化模式 …… 103
  - 6.1.2 不同情境因素的影响作用 …… 104
- 6.2 QCA方法的适用性及流程分析 …… 106
  - 6.2.1 QCA方法的运用逻辑 …… 106
  - 6.2.2 QCA的分析过程 …… 107
- 6.3 研究设计 …… 108
  - 6.3.1 研究变量分析 …… 108
  - 6.3.2 研究方法及过程设计 …… 109

- 6.4 数据运算过程 ………………………………………………………… 111
  - 6.4.1 分析基础 ……………………………………………………… 111
  - 6.4.2 核心变量的条件构型分析 …………………………………… 113
  - 6.4.3 加入情境变量的条件构型分析 ……………………………… 117
- 6.5 基于条件构型的影响模式分析 ……………………………………… 121
  - 6.5.1 基本模式分析 …………………………………………………… 121
  - 6.5.2 特殊模式分析 …………………………………………………… 123
  - 6.5.3 基于情境条件的比较分析 …………………………………… 124
- 6.6 本章小结 ………………………………………………………………… 126

第7章 基于游客真实性体验的乡村民宿品牌资产提升策略 ………… 127
- 7.1 优化游客真实性体验的相关策略 …………………………………… 127
  - 7.1.1 提升乡村民宿独特性与传达游客价值 ……………………… 128
  - 7.1.2 重视真挚服务体验与自我关联体验 ………………………… 129
  - 7.1.3 关注游客真实性体验的组合效应 …………………………… 130
- 7.2 塑造乡村民宿品牌形象的相关策略 ………………………………… 130
  - 7.2.1 塑造"能力形象"与"温暖形象" ………………………… 130
  - 7.2.2 针对性提升品牌形象的不同侧面 …………………………… 131
- 7.3 乡村民宿品牌差异化定位的相关策略 ……………………………… 132
  - 7.3.1 依据游客真实性体验进行差异化定位 ……………………… 132
  - 7.3.2 依据组织类型进行差异化定位 ……………………………… 133
  - 7.3.3 依据客群特征进行差异化定位 ……………………………… 133
- 7.4 本章小结 ………………………………………………………………… 134

第8章 主要结论、创新点及研究展望 ……………………………………… 135

参考文献 ……………………………………………………………………………… 138

附录 …………………………………………………………………………………… 154

第1章 绪 论

1.1 研究的背景和意义

1.1.1 研究背景

过去的几十年间,乡村民宿从最初的传统农家乐,逐渐衍变成一个具备多元化形态的旅游住宿产业,并获得越来越多游客的青睐。近年来,国家十分重视乡村旅游与乡村扶贫,将民宿作为地方乡村振兴的重要抓手。《"十三五"旅游业发展规划》明确提出,要构建新型住宿业,推进结构优化、品牌打造和服务提升,培育一批有竞争力的住宿品牌,鼓励发展民宿等新型住宿业态。《"十四五"文化和旅游发展规划》也提出优化住宿供给,支持特色民宿的发展。2017年至今,国家出台并屡次修订《旅游民宿基本要求与评价》,在政府和市场的双重作用下,乡村民宿业进入"国家主导、各方合力"的新发展阶段[1]。过去,乡村民宿多由当地居民及其家庭独立经营,以非标准化旅游部门居多,民宿服务较单一、同质化严重,并且缺乏品牌意识;随着政府的引导,民间资本的不断注入,游客对于优质民宿体验需求的提升和民宿间愈发激烈的竞争,使得乡村民宿的品牌化发展成为趋势。

经过不断探索,如今市场中已有大量乡村民宿具备品牌特征,其中一些以优质的表现实现了快速扩张和发展。《中国旅游住宿品牌发展报告》统计的非标准住宿形式品牌指数显示,2017—2019年客栈民宿品牌指数与精品酒店品牌的差距并不悬殊,并且其品牌指数呈现出增长态势,出现了许多消费者喜爱的民宿品牌。部分以政府主导的民宿品牌也开始出现。但就乡村民宿的总体量而言,整体上国内乡村民宿的品牌发展仍处于初级阶段,大部分民宿仍不具备或欠缺品牌发展意识;已开始发展的乡村民宿品牌,也仍然面临着激烈的竞争与挑战。

品牌能够通过消费者认知为乡村民宿带来差异化的竞争优势,进而形成品牌资产。品牌资产管理有利于乡村民宿的可持续经营,还能以辐射效应带动当地乡村的旅游发展。乡村民宿作为服务型组织,游客体验是建立品牌资产的核心要素。

随着科技和网络的不断进步,旅游服务网站、民宿平台及各类社交网络不断涌现,为乡村民宿的品牌传播提供了有效助力,很多乡村民宿一时在网络上爆火。但对于品牌资产的长期建设,游客体验仍居于主导地位,因为相较于品牌的外部特征,消费者对品牌服务的实际体验更具有说服力[2],成为品牌建构及持续发展的关键。游客体验能够影响游客对乡村民宿品牌形象的认知,并成为影响品牌选择偏好的重要因素,可被视为乡村民宿品牌资产的前因。

乡村民宿游客体验的核心在于其与城市酒店截然不同的、具有旅游地特色及民宿风情的真实性体验,其构成了民宿的稀缺性优势与游客的核心价值。现代旅游的真实性一直受到旅游学者的关注,也是游客追求旅游体验的内在动机。现代社会的人造化与人际疏离,使游客借由旅游目的地的历史、传统及旅游过程来追寻真实性[3]。乡村民宿作为非标准化旅游住宿形态,利用旅游地历史、传统、特色,并通过自身对在地文化的理解及民宿生活理念的诠释,营造出乡村民宿独特的场域空间,让旅游者获得多方面的旅游真实性体验[4]。相较于乡村民宿的服务功能与物理设施,真实性体验体现了游客对乡村民宿的深层需求,促成了游客对乡村民宿的品牌形象的感知,有助于乡村民宿品牌资产的形成。

本书认为,游客真实性体验对乡村民宿品牌资产有积极的影响作用,通过梳理游客真实性体验对乡村民宿品牌资产的影响机制,有助于从游客体验角度探究乡村民宿品牌发展问题,提供基于游客真实性体验的品牌资产管理启示。本书集中探讨和解决以下问题:(1)游客真实性体验对乡村民宿品牌资产是否存在影响关系?(2)乡村民宿情境下的游客真实性体验、品牌形象、品牌资产都由哪些维度构成?(3)游客真实性体验对乡村民宿品牌资产的影响路径是怎样的?(4)游客真实性体验对乡村民宿品牌资产的影响是否存在不同的模式?(5)游客真实性体验对乡村民宿品牌资产影响机制的整体图景是怎样的?如何提出乡村民宿品牌资产的提升策略?

1.1.2 研究意义

1.1.2.1 理论意义

(1) 丰富品牌资产及非标准化住宿品牌的相关研究

品牌资产研究由来已久,在品牌研究领域内形成了大量研究成果与较完善的理论体系,但主要集中于对传统品牌的分析,如关于住宿业的品牌资产研究多针对传统酒店的品牌资产展开,对民宿等非标准化住宿组织的品牌资产研究则鲜有涉及。随着时代的发展,乡村民宿越来越受到消费者的关注,并进入品牌化发展进程,但目前针对民宿品牌发展的研究却较少。本研究对乡村民宿品牌资产的内涵、特征进行分析,明确乡村民宿品牌资产的测度方式,能够在一定程度上丰富品牌资产研究情境,以及非标准化住宿品牌的相关研究。

(2) 在一定程度上拓展了消费者真实性体验的研究边界

消费者真实性体验是国内外的研究热点,对其内涵的分析通常依赖于不同的研究情境,包含遗产旅游、一般性消费等多个领域,并形成了研究领域的多元对立。目前对游客真实性体验的研究虽主要集中在遗产旅游,但已经出现向一般性旅游现象延伸的研究趋势。乡村民宿与乡村遗产存在密切的关系,同时还具有一般性营销组织的特征,本研究对乡村民宿游客真实性体验维度的探索性分析,整合了旅游真实性与消费真实性的相关研究,明确了乡村民宿游客真实性体验的内容及结构体系,并对乡村民宿游客真实性体验的量表进行了开发,在一定程度上拓展了消费者真实性体验的研究边界。

(3) 深化游客真实性体验对品牌资产影响机制的研究层次

本研究分析游客真实性体验对乡村民宿品牌资产的影响机制,融合多类研究范式,进行逐层递进的研究设计。通过质性研究与量化研究的结合,对游客真实性体验与乡村民宿品牌资产的影响机制进行分析,依照基本影响关系梳理、主要影响因素识别、影响路径构建、影响模式细分的顺序进行层层递进。通过研究证据的聚合明确了基本的影响关系,进而对主要的影响因素进行识别,在分析游客真实性体验对乡村民宿品牌资产影响的总效应基础上,通过对样本的比较,分析游客真实性体验对乡村民宿品牌资产影响的分异情况,细化及深化游客真实性体验对乡村民宿品牌资产的影响机制研究。

1.1.2.2 实践意义

(1) 有助于乡村民宿服务品质的提升

游客是为了体验与城市、宾馆、日常生活空间等以外的旅游地自然和人文景观,以及极具特色的民居式旅游住宿设施,而选择乡村民宿的。作为典型的旅游服务组织,真实性体验成为游客入住体验的重要动机。本研究集中探讨游客真实性体验对乡村民宿品牌资产的影响,有助于乡村经营者关注游客真实性体验;对乡村民宿游客真实性体验构成内容的分析,则有助于乡村民宿经营者关注具体的服务内容,提升乡村民宿服务品质,从而提高游客体验和游客认可度。

(2) 有助于乡村民宿品牌资产的管理

目前,基于游客真实性体验来积累品牌资产的观念,并没有得到乡村民宿经营者的重视,乡村民宿经营者在发展品牌时,往往首先关注品牌的物理性特征、外部传播渠道以及游客的基础性体验,这些能够在一定程度上有助于品牌建设,但对于塑造品牌内核、积累"消费者—品牌"的长期关系而言还远远不够。本研究通过对乡村民宿品牌资产内涵的分析,对游客真实性体验与乡村民宿品牌资产之间影响路径、影响模式以及乡村民宿品牌资产提升策略等的分析,有助于乡村民宿经营者提升品牌资产意识,并进行品牌资产的管理。

(3) 有助于地方乡村旅游的发展

乡村民宿作为乡村旅游中的新兴业态,是推动乡村发展和乡村振兴的重要抓手。目前乡村民宿的品牌化发展仍处于初级阶段,游客真实性体验对乡村民宿品牌资产影响机制的研究,从游客真实性体验的视角提出构建乡村民宿品牌资产的有效路径,对地方政府推进本地乡村民宿的发展能够提供一定建议,有助于乡村民宿行业的优质化发展及乡村人民生活条件的改善,有助于乡村旅游者的旅游体验和旅游幸福感,并有助于乡村旅游地的品牌形象建设。

1.2 国内外相关研究文献综述

1.2.1 国外研究现状

1.2.1.1 品牌资产相关研究

(1) 品牌资产内涵的相关研究

早期的品牌研究多将品牌视为产品、服务以外的附加价值,譬如,美国的营销协会对其给出的解释为:名称、符号及各项元素的融合。Aaker(1996)认为品牌元素组合可以与竞争者产生差异,但从更大的视角来看,品牌除物理特性外还具有其他含义[5]。Kotler指出,品牌的意义还包含文化、价值、使用者等[6]。对品牌资产(brand equity)的研究最早出现在20世纪中后期,当时定义品牌资产主要采取的方式为企业并购价格。通过对并购价格进行分析,进而了解企业拥有的无形资产。与实践发展相适应,理论研究者也开始关注品牌资产,品牌资产为企业带来差异化的竞争优势,成为一种典型的营销概念[7]。

品牌资产的研究视角有多个角度,具体来说,可将品牌资产划分为三种类型:一是以财务为核心的品牌资产;二是以市场为核心的品牌资产;三是以消费者为核心的品牌资产[8]。以财务角度而言,这种品牌资产主要指的是,品牌能够为财务创造出的现金流或相关财务指标等[9]。第二种市场视角[10],主要涉及四个方面:一是影响力,二是市场地位,三是品牌延伸,四是竞争者。第三种消费者视角,从消费者对品牌的认知出发,主要体现品牌对消费者而言的价值和意义。通常客户会更倾向于选择有品牌的产品,所以,以消费者为核心的品牌资产主要侧重点在于怎样将品牌树立在消费者心中[11]。

(2) 基于消费者心智的品牌资产构成维度

多维度视角:Aaker(1992)将品牌资产分为五个维度,分别为品牌忠诚、品牌知名度、感知质量、品牌联想和其他专有品牌资产[12]。后来,在此研究基础上,其将研究视角进行拓展,提出了品牌资产的十要素模型,将之前的构成要素划分出更多的二级维度。Keller(2001)构建了基于消费者的品牌资产模型(CBBE 模型)[13],将品牌资产划分为品牌本体、品牌含义、品牌反应和品牌关系,具体的维度则为:品牌显著性、品牌绩效、品牌形象、消费者评判、消费者情感和消费者共鸣。

Aaker、Keller 等人对品牌资产维度的经典研究,都对品牌资产进行了详细的拆分,所包含的维度十分丰富,后面的很多学者都依据这些经典研究展开分析。学者们依据不同的研究对象,对品牌资产维度进行划分,如 Zlem(2019)认为地方品牌资产由品牌意识、实体品质、员工行为和品牌形象构成[14]。Bose 等(2022)提出品牌显著性、品牌意义、感知质量和品牌依恋构成的住宿品牌资产四维结构等[15]。

单维度视角:除多维度外,品牌资产也可由单一维度来进行衡量。品牌资产的多维度研究主要适用于对品牌资产的系统化管理,将相关影响因素也纳入品牌资产概念。由基于消费者心智的品牌资产的概念可知,品牌资产主要指消费者品牌知识所带来的对营销活动的差异化反应,从单一维度视角探讨品牌资产,倾向于将其与其他相关因素独立开来进行分析,以重点测量影响因素与品牌资产之间的关系。Yoo 和 Donthu(2001)在相关研究中,将品牌资产作为独立变量,探究营销努力与品牌资产之间的相关关系[16],Kao(2016)等则从感知电子服务质量的角度,探究其对网上银行品牌资产的影响[17]。这些研究从品牌资产单维度视角,探究相关影响因素(成因)与品牌资产(结果)之间的关系,其研究思路如图 1-1 所示。

图 1-1 品牌资产单维度的研究思路

(3) 乡村民宿品牌资产的相关研究

目前,对乡村民宿的研究主要从产业发展、企业管理等方面开展,如 Kuo 等

(2012)对民宿的研究结果显示,生态资源能够影响旅游者意愿,所以民宿经营过程中,要同时注重服务质量和周边环境[18]。Pavia等(2019)探索民宿的组织文化、目的地资源对创新性民宿服务的影响,结果显示经营者提供的文化及其参与水平、目的地相关服务等都有利于创建优质的乡村民宿旅游产品[19]。Huang等(2019)指出,民宿的魅力在很大程度上取决于业主的个人魅力,此外,对当地自然资源和文化资源的发掘也是民宿经营突破瓶颈的重要手段[20]。Wu等(2012)认为消费者关系能够对业务绩效产生影响,而不同类型的住宿组织需要对消费者关系的管理具有差别,主要依据自身优势展开[21]。Leung等(2021)通过深度访谈,调查旅游者选择民宿的原因,结果显示符合个人特征及期望是主要原因,自我特征成为影响游客当时和未来选择的重要因素[22]。

针对乡村民宿品牌资产建设的国外文献还比较少,但相关文献已经开始关注民宿的品牌发展问题,如Mody(2017)指出,民宿在地方性、社群性、个性化等体验方面都优于酒店业,能够创造非凡的、难忘的经历,引发消费者的正向行为意图,应注意品牌的作用[23]。对住宿业而言,Seric(2016)在住宿环境下探索基于消费者的品牌资产,证实感知形象、感知质量、信任和情感承诺都是其驱动因素[24],在其同年的另一篇文章中,Seric明确了品牌形象和忠诚度对整体品牌资产的直接影响作用[25]。Nuseir(2020)的实证研究显示,住宿业消费者体验与其品牌资产之间存在着较强的相关关系[11]。近年来,国外研究中对乡村旅游品牌建设的相关研究也不断增多。Hwang等(2018)从游客品牌效益角度,为营销人员提供了商业层面的乡村旅游目的地品牌开发和营销策略指导[26]。Liu(2019)研究了物理区位对乡村旅游度假区品牌发展的影响作用[27]。Svagzdiene等(2020)提出,服务质量提升与创新有利于乡村旅游品牌的建立[28]。Lee等(2020)认为乡村品牌资产对社会经济效益具有重要价值[29]。

1.2.1.2 真实性体验相关研究

真实性(authenticity)也被译作原真性、本真性,社会学界有时采用"本真性"的译法,文化遗产研究有时译作"原真性",但目前"真实性"为最多的文献所使用,本研究采用"真实性"的译法。

(1)真实性内涵的相关研究

真实性由希腊语"authoritative"发展而来,形容具有真正性(genuiness)、实存性(reality)、确实性(truth)、权威性(authority)、真诚(sincerity)、原版(originality)等特征的事物和体验。学术界对真实性的解释,在理论视角上主要有客观主义真实性、建构主义真实性、后现代主义真实性、存在主义真实性四类[30]。

客观真实性视角强调事物是原物或符合原物,并由专家进行评判[31];建构真实性视角认为,真实性受到主观的影响,由特定对象赋予意义,当人们面对事物时,对真实性的评判标准是依据特定的情况建立起来的,受到评判人的理解、期望等影响[32];后现代真实性视角认为,真正的真实或者不存在,或者不重要,人类所创造的虚拟原物即可视为真实[33];存在真实性视角认为不仅客体存在真实性,主体同样存在真实性,并且其可以独立存在,当人们远离原本人际社会的疏离感,更加放松地接近内在时,就可以获得存在真实[34]。

真实性体验研究在哲学、社会学、旅游学、心理学、组织管理、市场营销及艺术等诸多领域中都扮演着重要的角色,与乡村民宿游客真实性体验相关的研究主要涉及旅游管理和市场营销领域。

(2)旅游管理领域的真实性体验研究

旅游真实性体验的研究源自 Boorstin、MacCannell 等人的经典研究,Boorstin(1964)将大众旅游称为"伪事件",认为所谓"伪事件"是旅游者所参与的各项旅游活动或体验均是由旅游业所构建出来的[35]。MacCannell(1973)则认为旅游者正是由于生活在远离真实的情境下,才产生追求真实性的旅游动机[36]。基于此,在旅游界中真实性体验逐步引起研究者的重视,并成为旅游研究中的重要内容。

旅游真实性体验的研究,最初常将真实性作为一种游客感知的旅游目的地属性,探究其构成内容[37],或着重于验证真实性体验的影响作用,如其对旅游地满意或忠诚的作用[38]。研究者针对不同旅游形式和旅游地探讨真实性体验,已在游客对遗产旅游地[39]、农业旅游地[40]、影视旅游地[41]、文化主题餐厅[42]等的旅游过程中,发现了真实性体验的存在。从趋势上看,学者们对旅游真实性体验的客体对象在拓宽,并且从较多关注旅游客体的真实性,发展到更加关注旅游主体的真实性体验。

(3)市场营销领域的真实性体验研究

在市场营销中融入与真实性有关的概念,主要是为了解决消费者提出的体验需求,让消费者感受到产品和服务的真实性,于是产生了消费真实性、品牌真实性等相关概念。消费者在进行品牌体验时体验到的品牌"不虚假""非模仿"等感受时,能够体验到品牌的真实感。消费真实性体验通常被划分为多个维度,Shirdastian 等(2017)在文献阅读的基础上将真实性划分为:质量承诺、传承、独特性和象征性,并通过了大数据样本的运算[43]。Mody 等(2019)提出原创性、真挚性等都可视为品牌真实性的维度[44]。相关研究通过结构方程等量化研究方法分析了消费真实性体验对品牌忠诚等的影响作用。

(4) 乡村民宿真实性体验的相关研究

真实性是乡村旅游可持续性发展的关键因素之一。Fierro 等(2018)探讨了文化遗产对民宿住宿平台"Airbnb"客人选择的影响[45]。Mody 等(2019)提出消费体验的真实性是区分住宿产品的关键因素。Jyotsna 等(2019)对乡村旅游消费的感知真实性进行了网络志的检验,从设施、活动、热情好客等多个方面总结了游客的真实性体验[46]。Xin 等(2019)认为历史真实性是乡村旅游意愿的前因[47]。Zhang 等(2019)指出,在乡村文化旅游发展中,由于市场经济的影响和盲目追求利益最大化,产生了一些不协调的发展趋势,地域文化的真实性可由景观来表达[48]。

1.2.1.3 真实性体验、品牌资产关系相关研究

消费者真实性体验对品牌本体具有积极作用[49]。消费者真实性体验能够形成消费者忠诚[31,50],当消费者通过品牌获得真实性体验,则有助于增加消费者的品牌忠诚[44,51]。以品牌角度而言,真实性属于品牌的一种无形价值,可以提升品牌价值[52]。消费者对品牌的真实性体验有助于提升其对品牌的情感依恋和口碑传播[53],能够提升品牌资产[54]。

此外,消费者真实性体验还能够获得积极的品牌态度[55]、品牌情感[56]、品牌涉入[57]、品牌行为意向[58]等。许多学者指出,消费者真实性体验对品牌资产具有显著的正向影响作用[59-60]。对旅游品牌而言,真实性体验能够影响游客的重游意图[61],显著影响其对旅游地点的忠诚[38],有助于形成品牌忠诚。

消费者真实性体验除能够直接影响品牌资产外,其与品牌资产之间常存在品牌形象的中介作用。消费者真实性体验能够使消费者对品牌产生积极联想,形成多类的品牌形象感知。品牌形象有助于形成品牌资产,部分学者认为品牌形象是品牌资产的重要构成因素[60],有些文献则将其抽离出来,认为品牌形象能够有效影响品牌资产的形成[62-63],或将其作为消费者真实性体验与品牌资产之间的传导因素。

1.2.1.4 品牌形象相关研究

(1) 品牌形象内涵的相关研究

品牌形象是组织营销中的重要关注点,对品牌形象的研究一直备受关注,并产生了非常丰富的研究成果。在消费者行为研究中,品牌形象的定义并非是统一的,有些学者强调心理要素,将品牌形象视作消费者的心理反应,是消费者对品牌的联

想、态度等的集合[64],这种说法得到了许多学者的认可。有些学者从有形性和无形性的角度出发,将品牌形象进行分类,强调消费者购买一件商品或服务,既在意其功能性形象,也在意其象征性形象[65]。有些学者强调"个性"的定义,认为品牌形象具有拟人化的特征,即品牌形象反映了类似于人的个性或特质[66]。

(2) 品牌形象维度的相关研究

学者们从不同视角将品牌形象理解为单维度或多维度,并以多维度的研究为主。如 Begona 等(2006)将品牌形象划分为功能性形象与象征性形象[65]。Unurlu(2017)从品牌个性的角度,通过多种人类个性对住宿业的品牌形象进行了定义[66]。Kervyn 等(2012)认为品牌形象可以划分为品牌意图和实现意图的能力[67]。Schivinski 等(2020)探讨住宿业的品牌形象,提出了功能性品牌形象和享乐性品牌形象,并认为多维度的品牌形象都能显著影响消费者行为[68]。

(3) 旅游与住宿业品牌形象的相关研究

Zlem(2019)针对住宿业,认为品牌形象是建立以消费者为基础的品牌资产的重要内容[14],对于品牌而言,品牌资产的形成主要在于两点,一是品牌知名度,二是品牌形象,其中,能够对品牌资产带来决定性影响的因素则为品牌形象[25]。Zou 等(2017)的研究针对旅游业,认为品牌形象能够凸显独特属性[69]。品牌形象影响游客的行为意向,Park 等(2017)的研究探讨了品牌联想类型对游客行为意愿的影响[64]。Unurlu(2017)证实,住宿业的品牌个性形象能够正向影响品牌忠诚[66]。

学者们从不同角度提出品牌形象的前因变量。如 Dnmez(2018)探讨旅游住宿企业中景观设计与品牌形象之间的关系[70]。Ryu 等(2019)则指出,品牌的故事结构能够影响住宿企业品牌形象[71]。

1.2.2 国内研究现状

1.2.2.1 品牌资产相关研究

品牌资产源于英文"brand equity",国内也有人将之翻译成"品牌权益",本研究认为品牌权益主要体现了品牌经营者权益,从消费者的角度出发,为体现品牌与消费者的关系,很多学者将其译为品牌资产[72],本研究也使用这一说法。

(1) 品牌资产影响因素的相关研究

国内学者普遍认可品牌资产是品牌建设的战略目标,是组织借由品牌创建和积累的无形资产。对品牌资产进行解释时,诸多研究者主要围绕着消费者认知和消费者体验等方面进行[72]。

具体而言,品牌资产影响因素的研究涉及多个方面,有不同的视角。如对影响品牌资产的外部因素[73]进行探讨,包括营销策略、外部赞助等;对内部因素[74]进行研究,则涉及内部资产建设、品牌内容设计、消费体验等。学者们多指出品牌形象是品牌资产的重要形成因素,杨一翁等(2017)的实证研究表明,在品牌形象中,公司形象对外部品牌资产的总效应最强[75]。冯芷菁等(2020)则指出目的地品牌形象是旅游地品牌资产的重要前因[76]。一些学者指出,服务企业的品牌创建比制造企业更加困难,存在其特有路径[77],相关研究重视消费者体验对品牌资产的作用[78]。

(2)乡村民宿品牌资产的相关研究

目前,对旅游地品牌资产的研究较多,对旅游接待单位品牌资产的研究则较少。现有的住宿业品牌资产相关研究,关注品牌导向作用[74]、消费者认知[79]与消费者参与[78],对服务人员的作用较为关注[80]。

针对乡村民宿的相关研究,多认为乡村民宿目前同质化竞争激烈,品牌形成困难[81]。针对乡村民宿的品牌发展路径,学者们提出应重视消费者体验,游客会对旅游环节接触的各项事物作出体验评价,其对民宿文化需求、文化重构的关注日益提升[82]。丁飞洋等(2019)在研究时采取的研究方式有两种,一种为因子分析法,另一种为IPA模型修正法,以游客感知作为切入点来对民族旅游进行深入分析,经研究后表示,能够影响到游客满意度的主要因素集中在以下五个方面:一是饮食环境,二是民族特色,三是个人情感,四是住宿环境,五是景区服务[82]。王璐等(2021)提出从环境、功能、情感上塑造乡村民宿的"温度"[83]。焦彦等(2017)则指出,真实性是住客的优质体验[84]。

多数研究认为乡村民宿的品牌建设是必然趋势,朱晓辉等(2019)提出舟山乡村民宿需要对旅游者体验进行深化,实施品牌化建设[85]。张圆刚等(2019)提出消费者对民宿的品牌认同对民宿选择行为具有重要意义[86]。许宸等(2016)针对黄山市民宿旅游在品牌建设中存在的问题提出相应的解决对策,如品牌目标确立与规划[87]。陈春燕(2018)指出,服务和文化特色是乡村民宿经营的核心,需实施服务化、品牌化等策略[88]。李文勇等(2019)通过实证研究证实,民宿选择意向与游客真实体验和品牌认知有着非常明显的正相关关系[4]。

1.2.2.2 真实性体验相关研究

国内对真实性的研究较晚,当时诸多研究者在研究时将侧重点放在客体真实性和遗产保护领域等方面。近年来,对国外真实性研究的综合性述评较多,此外真实性研究也应用于各类研究视角及情境,对多类旅游真实性[89]、旅游地餐饮企业等的真实性问题[90]进行分析研究。

(1) 旅游管理领域的真实性体验研究

目前国内旅游真实性体验的相关研究非常丰富,主要集中在遗产旅游的真实性体验,如物质文化遗产[91]、非物质文化遗产[92]、民族旅游[93]和乡村旅游[94]等。从研究对象上来看,研究视角主要包括居民、游客等视角。

旅游住宿业真实性体验的研究中,焦彦等(2015)对历史建筑类酒店进行研究,研究真实性与现代性的结合问题[95]。凌云等(2018)针对青年群体探究其选择分享型住宿形式的本真性动机[96]。刘云等(2020)则针对民族地区,研究对象为精品酒店,以真实性作为导向,分析酒店建设过程中真实性的重要性,研究发现,游客对于文化符号有着较高的重视度[97]。

综上所述,经对现有文献成果进行梳理分析后得知,旅游动机和旅游活动会受到真实性体验的影响。它既是解释旅游动机的一个重要范畴,也是描述旅游体验的一种重要感知[98]。早期真实性研究集中在作为旅游吸引物和产品的真实性、旅游活动的真实性,学者们逐渐意识到作为游客真实性体验的重要性[3]。总体来看,相对于国外研究成果,国内研究对真实性理论的深入性不够,也不符合国内旅游细分研究的趋势。

(2) 市场营销领域的真实性体验研究

国内对一般市场营销领域的消费真实性研究较少,部分研究对象集中在老字号品牌[99]、绿色产品[100]、品牌拓展[101]的真实性等,研究对象通常具有传统、传承、自然等特征。国内对品牌真实性体验的维度划分,尚未形成统一的说法。王新新等(2010)认为,品牌真实性包含客观真实性和建构真实性[102]。徐伟等(2012)则表示,品牌主要是反映消费者自我,因此品牌的真实性与消费者的自我真实性密切相关[103]。王新新等(2020)总结了品牌真实性的概念,一方面品牌真实性可以看作是与产品、品牌相关的属性,另一方面品牌真实性是消费者对品牌的真实与否所作的评判[104]。

1.2.2.3 真实性体验、品牌资产关系相关研究

关于旅游真实性体验有关的研究,目前学术界的研究者主要将侧重点放在旅游者个人情感、游客对旅游吸引物的态度及行为意向上,品牌真实性研究主要将侧重点放在两方面,一是品牌行为,二是品牌态度。游客的真实性体验能够形成游客的地方依恋[105],多类产业背景下的真实性体验对消费者的品牌体验和企业品牌权

益(品牌资产)均产生正向影响[106]。

在消费者真实性体验与品牌资产之间的关系中,很多文献都认可品牌形象的重要性[107]。许衍凤等(2015)认为餐饮服务品牌的品牌形象具有重要意义[108],秦宗财(2021)认为文旅品牌需要对品牌形象进行塑造[109]。学者们普遍认为品牌形象对品牌资产具有促进作用,景娥(2015)认为对品牌的联想与回族餐饮老字号品牌资产有显著正向影响[110]。许春晓(2014)在研究后表示,品牌形象是否良好,很大程度上会影响到游客对旅游地品牌的选择。张婧等(2016)提出,服务体验通过提升企业品牌联想,形成基于消费者的品牌资产[111]。张永韬等(2019)认为营销策略能够通过品牌形象影响品牌资产[112]。

1.2.2.4 品牌形象相关研究

马谋超等(2008)在研究后表示,品牌形象主要指的是品牌名称或者是品牌标志等在消费者心中展现出的形象。这种形象会受到产品在消费者心中的评价影响,譬如质量评价或者是服务评价等,又或者是轻松、信任、有趣、笨拙等联想[113]。品牌形象由于涉及的内容非常多,因此具有诸如多维组合性、复杂多样性和情境性等多种特点[114]。

国内学者对品牌形象的测度主要遵循国外的经典研究,并根据自己的理解进行延伸和拓展。如龙成志(2013)在研究后将品牌形象划分为五种类型:一是使用者形象,二是产品形象,三是服务形象,四是视觉形象,五是企业形象[115]。吴波等(2015)提出了品牌感知的能力、道德、亲切三维度模型[116]。

1.2.3 国内外研究述评

通过对国内外文献的梳理,发现相关研究尚存在以下不足:

(1)虽然品牌资产的相关研究较为丰富,但从品牌角度对乡村民宿展开的研究仍较少。国内关于民宿的研究有多种视角,多数分析了乡村民宿作为新兴业态的发展问题,研究多提及乡村民宿品牌建设的重要性,但是专门针对其品牌资产问题的研究目前仍较少。品牌资产是品牌发展的重要目标及衡量标准,目前的研究现状与乡村民宿产业的发展需求及游客诉求形成一定反差。从品牌资产的相关研究来看,以传统产品及服务品牌为研究对象的研究成果较为丰富,目前旅游住宿业品牌资产研究多以城市酒店为研究对象,对乡村民宿等非标准化住宿的品牌资产研究不足,因此对于乡村民宿品牌资产内涵、衡量方式、影响因素及其形成机制的分析均存在一定空白。

（2）乡村民宿游客体验的研究在理论性上有所欠缺，对真实性体验的研究不够深入。目前，针对乡村民宿游客体验的研究不少，因游客体验的内容较广，存在视角分散的问题，缺乏切入点；相关文献中多提及"真实性"，但对该情境下的真实性内涵并未深入挖掘。部分旅游真实性研究将归属于各种研究范式的真实性概念简单聚合。在旅游体验相关研究中，真实性的研究成果十分丰富，但是很多研究对于四大理论观点（客观主义、建构主义、后现代主义、存在主义）的内涵理解多处于表层，常出现多种范式共存的现象。首先，真实性各类范式的共存问题存在争议，不同的理论视角对真实性的理解不同，放在一起可能存在概念交叉问题；其次，每一个理论视角下的真实性概念都是复杂且丰富的，应针对某一视角进行深入挖掘。对于乡村民宿游客真实性体验的内涵、构成维度、测量方法等还需进一步深入分析。

（3）目前对于游客真实性体验与旅游品牌资产之间的关系尚不明确，相关研究仍处于初步探索阶段。在旅游研究领域，学者们普遍认为，游客真实性体验对于游客自身及其提供方都具有重要意义；在市场营销领域，品牌真实性与品牌资产有较强的联结关系。但目前真实性体验及其影响的相关研究，在旅游领域与市场营销领域存在较强的分化现象，旅游领域的真实性体验较关注游客对旅游吸引物传统、原物等的体验及其对游客忠诚度等的影响，一般市场营销领域的真实性体验多关注消费者对品牌真实性的体验及对品牌资产的影响。对于旅游品牌而言，整合相关研究，明确游客真实性体验与品牌资产之间的关系并提供明确量化证据，尚缺乏较为系统性的研究。

（4）对乡村民宿品牌差异化发展的关注不够。乡村民宿的资源、能力基础、目标客群各有不同，确定有针对性的品牌发展道路具有必要性。在民宿品牌、民宿真实性的相关研究中，对差异性问题探讨较少，导致多数研究结论缺乏个案针对性，难以供经营者实操。

1.3 研究内容与研究方法

1.3.1 研究内容

本研究的主要内容共分为七章，技术路线如图1-2所示。

游客真实性体验对乡村民宿品牌资产的影响机制研究

研究思路	研究思路	主要研究工具
提出研究整体内容架构	绪论	文献分析法
概念解析、理论依据	理论基础 → 主要概念 / 主要理论	
提出并检验"游客真实性体验→乡村民宿品牌资产"关系假设,明确基本关系框架	游客真实性体验对乡村民宿品牌资产的关系分析 —— 现状与问题分析 → 关系假设 → 元分析检验	元分析技术
明确主要变量的维度相互关系,构建理论模型	游客真实性体验对乡村民宿品牌资产的影响模型构建 —— 主要变量的维度选取 → 研究假设 → 元分析检验与理论模型构建	本文挖掘
通过总体样本,明确游客真实性体验对乡村民宿品牌资产的影响路径及路径系数	游客真实性体验对乡村民宿品牌资产影响模型的实证检验 —— 问卷设计发放 → 数据运算 → 结果分析	结构方程模型 / SPSS
通过样本细分比较,归纳游客真实性体验对乡村民宿品牌资产的不同影响模式	游客真实性体验对乡村民宿品牌资产的影响模式细分比较 —— 游客真实性体验、品牌形象条件构型 / 融入情境变量的条件构型 → 影响模式分析	fsQCA方法
综合研究结果,明确影响机制,提出品牌资产提升策略	基于游客真实性体验的乡村民宿品牌资产提升策略	归纳研究法

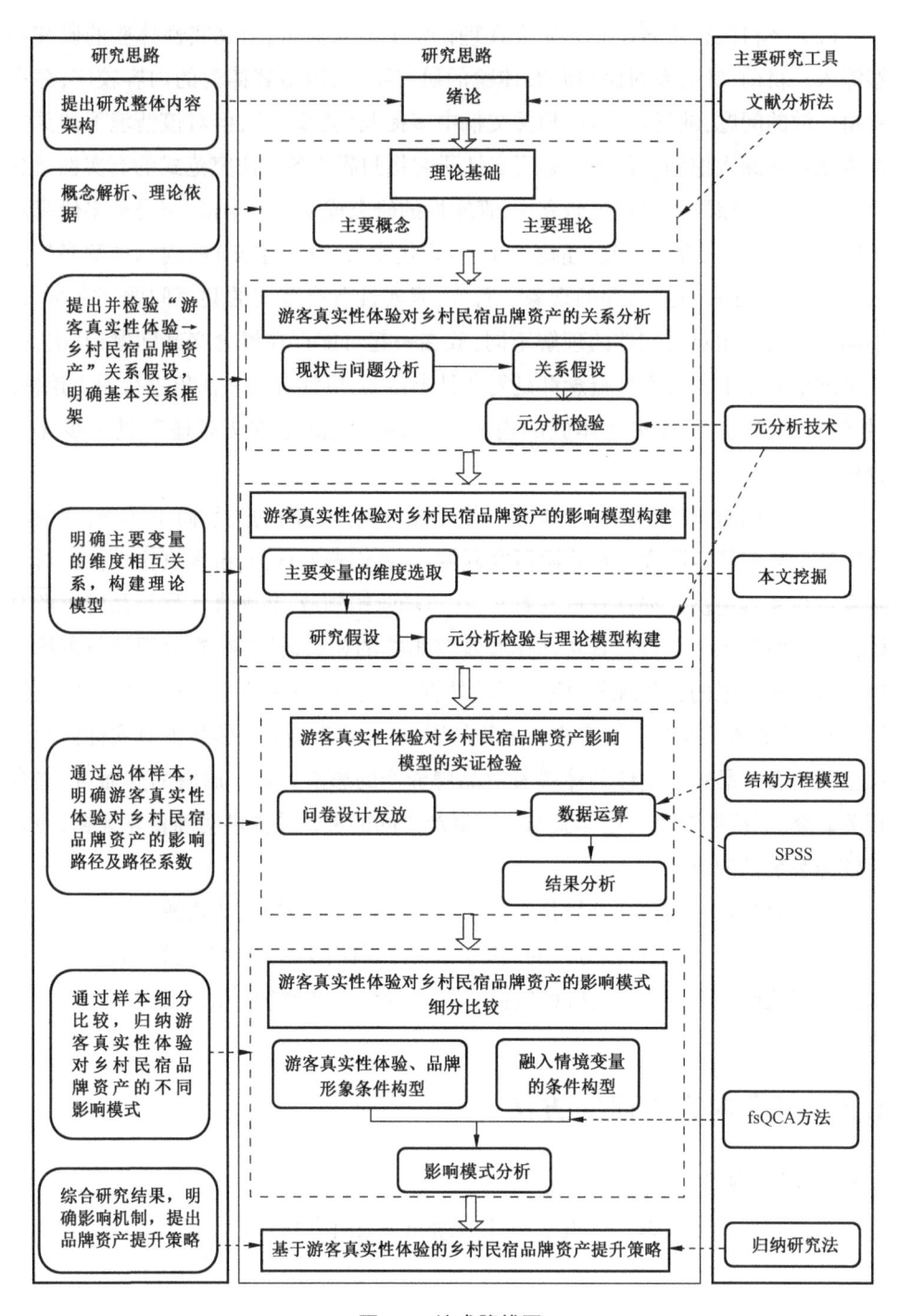

图 1-2 技术路线图

第 1 章 绪　　论

(1) 第1章,绪论。阐明研究主题的相关背景和研究意义,在对国内外相关研究现状进行系统梳理的基础上,归纳现有研究的不足之处,并提出本研究内容、研究方法及技术路线。

(2) 第2章,相关概念及理论基础。对研究中的主要概念进行分析,明确相关概念的具体含义;对运用的主要理论进行分析,通过对基于消费者心智的品牌资产理论、真实性理论、品牌拟人化形象理论和品牌定位理论进行梳理,提供研究的理论依据。

(3) 第3章,游客真实性体验与乡村民宿品牌资产的关系分析。通过乡村民宿品牌发展现状、现存问题,以及游客真实性体验与乡村民宿品牌资产的作用分析,在游客真实性体验与乡村民宿品牌资产之间建立联系,利用元分析技术对游客真实性体验与乡村民宿品牌资产的相关关系进行检验,并获得二者基本关系的主要结论。

(4) 第4章,游客真实性体验对乡村民宿品牌资产的影响模型构建。对游客真实性体验、品牌资产、品牌形象的维度进行选取,并提出变量间关系的研究假设,再利用元分析技术进行相关关系检验,最终提出游客真实性体验对乡村民宿品牌资产影响的理论模型。

(5) 第5章,游客真实性体验对乡村民宿品牌资产影响模型的实证检验。基于上一章所构建的理论模型,进行问卷设计、发放和回收,获取调查样本,并利用结构方程模型分析法对构建的理论模型进行检验,修正理论模型,并分析游客真实性体验对乡村民宿品牌资产的具体影响路径及路径系数。

(6) 第6章,游客真实性体验对乡村民宿品牌资产的影响模式细分比较。通过第5章的结构方程检验,明确了游客真实性体验、品牌形象各维度对乡村民宿品牌资产的前因作用,在此基础上融入情境因素,通过乡村民宿品牌资产高水平的不同条件构型,归纳游客真实性体验对乡村民宿品牌资产的影响模式并进行比较分析。

(7) 第7章,基于游客真实性体验的乡村民宿品牌资产提升策略。通过对研究结果进行汇总,明确游客真实性体验对乡村民宿品牌资产影响机制的完整图景,并根据研究结果提出乡村民宿品牌资产的提升策略。

1.3.2　研究方法

(1) 文献分析法。通过对专著、期刊论文等多方面资料的搜集和查阅,掌握国内外相关文献,并对其进行整理和分析,在充分的文献分析基础上确定本研究主题和研究内容,对研究方法和研究过程进行设计;在具体研究过程中,以相关文献为研究资料,结合多种研究方法开展研究。

(2)元分析方法。元分析技术可对相关关系进行系统评价,汇总相关领域内的实证研究结果,增加文献分析的可靠性,增加单凭理论或推论获得结论的有效性。本研究提出游客真实性体验与乡村民宿品牌资产之间的关系,利用元分析对相关关系进行检验;在确定主要研究变量的具体维度后,对变量间关系的研究假设进行元分析检验,有助于研究中的关系判定及关系模型的构建。

(3)文本挖掘方法。在对乡村民宿游客真实性体验进行维度划分时,搜集乡村民宿游客网络志,运用词频分析、词共线矩阵、语义网络分析等文本挖掘技术,从文本中抽取出特征词并进行量化来表示文本信息。通过扎根理论的编码分析方法,明确游客真实性体验的维度划分及其操作性定义。

(4)问卷调查法。采用问卷调查的方法,收集游客真实性体验、游客真实性体验对乡村民宿品牌资产影响关系的样本数据,获取本研究量化分析所需的数据。在设计问卷时,参考国内外成熟量表,并结合研究情境进行量表开发,对样本进行详细描述,在样本具有代表性并通过信效度检验的基础上完成数据收集工作。

(5)量化统计分析方法。在本研究的分析过程中,多次运用量化统计方法及软件进行统计分析。通过元分析技术(CMA软件)对游客真实性体验、品牌形象、品牌资产之间的关系进行检验,利用SPSS和Amos统计分析软件进行问卷信效度检验和结构方程模型的检验,应用fsQCA方法及其软件对乡村民宿品牌资产前因条件构型进行模糊集分析,以提高分析的科学性。

(6)比较分析法。在元分析过程中,对相关实证研究的研究情境及变量测度方法进行比较,明确游客真实性体验对品牌资产相关关系的变动特征,并对不同变量测度方法进行比较。在fsQCA分析中,对调研样本进行细分比较,归纳游客真实性体验对乡村民宿品牌资产的影响模式,并对不同情境条件下影响模式的适用性进行比较分析。

第 2 章 相关概念及理论基础

2.1 相关概念

2.1.1 乡村民宿

民宿最早出现在欧美国家,民宿的英文简称为"B&B",而在美国则被叫作"Homestay"等。早期的民宿主要服务于到乡村休闲度假和避暑的贵族,经营主体主要为民宿房屋主人,由于游客人数较少,大多数民宿可以提供私人性质的服务;客人与主人能够进行交流,并有机会去认识当地环境[117]。随着民宿业的不断发展,民宿的界定被拓宽,主要指游客住在居民家里的一种住宿类型[118],为游客提供一种宾至如归的感觉,是与接待家庭及当地人互动以体验当地文化的低成本住宿形式[119]。乡村民宿通常由在乡村地区拥有房屋的个人实施[120],可视为一种具有吸引力的可持续乡村旅游产品[121]。

我国台湾地区发展民宿较早,20 世纪 80 年代,为解决景区住宿不足的问题,当地居民开始利用自家房屋供游客住宿。后来,大陆地区的农家乐开始出现并流行[122]。根据城乡的差异,民宿可以分为城市民宿和乡村民宿[123]。相关研究中对乡村民宿的定义说法较多,较早的研究局限于当地居民自家房屋[124],随着民宿产业的不断发展,不同的民宿经营主体出现,有些居民将自家闲置房屋出租于他人或雇用他人进行经营,而且出现了房间数更多、更大占地规模的乡村民宿[125]。浙江余姚地区在 2016 年发布的《民宿管理办法》中就称,民宿实际上是经营个体对闲置的自有房屋和村集体房屋,结合当地特色资源并进行改造,提供住宿、餐饮、文化体验与互动休闲的旅游设施。

根据国家统计局《关于统计上划分城乡的规定(试行)》,将城镇以外的集镇与农村视为乡村。结合国家旅游局《旅游民宿基本要求与评价》对旅游民宿的概念界定,本研究将乡村民宿定义为:所在地理位置在行政区划上归属乡村,利用当地民居等相关闲置资源,结合当地自然和人文旅游资源,提供旅游服务及互动体验的文化特色住宿设施。

2.1.2 品牌资产

关于品牌资产的概念理解有着不同的视角,基于组织的视角通常使用财务和市场结果来定义品牌资产,基于消费者的视角则关注消费者心智。整体来看,基于消费者心智的品牌资产越来越受到学术界的重视,本研究主要对基于消费者心智的品牌资产概念进行分析,对不同研究者的相关定义归纳如表 2-1 所示。

表2-1 基于消费者心智的品牌资产概念

含义	来源
品牌资产是指与品牌名称、标志相联系在一起的一系列资产,可以增加或减少产品提供给消费者的价值。	Aaker[126]
品牌资产是基于消费者的品牌知识,产生的品牌参与的差别化。	Keller[127]
品牌资产包括品牌价值、品牌强度和品牌描述。	Feldwick[128]
品牌资产是消费者对企业营销活动在认知、情感、行为意向、行为方面的差别化反应。	于春玲[129]
品牌资产是与没有品牌名称相比,消费者对一个品牌的感知、态度、知识和行为,能增加品牌的获利能力。	Christodoulides[130]
品牌资产是确定情况下可能出现分歧时,消费者表现出的品牌态度。	Randi[131]
品牌资产与客户对品牌整体的价值联想有关,与没有品牌的产品相比,客户会更倾向于选择有品牌的产品。	Nuseir[11]

整体来说,基于消费者心智的品牌资产主要来源于消费者心理的影响,反映为消费者对品牌的差别化态度,并且可以为品牌带来价值。乡村民宿的品牌资产基于消费者对品牌的认知,是与其竞争者相比消费者对该品牌的差别化反应,即品牌偏好。

2.1.3 真实性体验

从概念上来看,真实性可以被看作是真正和真实的特点,或真诚、自然的品质等。根据相关文献,对真实性的含义进行归纳,如表 2-2 所示。

表 2-2 真实性的含义归纳

英文释义	含义	来源
Sincerity	真挚、真诚,没有假装或角色扮演	Lau[132]
Reality	实存的,真正的实体,没有欺骗性的外表	Chhabra[133]
Genuine;true	真正的、真实的,比如一件真实的古董	Frisvoll[134]
Origin	起源、原真,非复制的,比如一个手写的稿件	Steiner,Reisinger[135]
Close conformity to an original	依据原始创造的,准确且令人满意地复制基本特征,比如一幅肖像画	Waitt[136]
Tradition	以广泛和长期保留的传统为标志,比如一种风俗	Mantecón[137], Belhassen[138]
Authoritative; legally valid	权威的、通过授权的,或合法有效的	Di Domenico, Miller[40]

真实性的内涵较为丰富,因此真实性体验的内容根据不同的情境和研究对象有所不同。乡村民宿游客的真实性体验,在于游客通过入住乡村民宿所感知到的真实感,是一个综合性的多元概念。随着时代的发展和城市化的不断扩张,乡村民宿作为当地乡村民居,不可避免地受到现代化的冲击,如何保留乡村民宿的历史传承性与当地特色,同时提供现代化的服务,形成了矛盾。乡村民宿需要保留在地资源与文化中最宝贵的原真部分,为游客提供探寻旅游地真实生活的窗口,以及内心所寻求的旅游价值;作为非标准化、个性化的住宿设施,每一个乡村民宿还应该具备自身特色,巧妙地利用在地文化诉说民宿自身的故事,做出民宿的差异性,这些都能够带给游客强烈的真实感。乡村民宿游客的真实性体验,主要在于游客对真实性的理解和感受。

2.1.4 品牌形象

品牌形象是消费者对品牌的感知,也是一种消费者评价,在消费者心智中产生的与品牌关联的品牌特性形成记忆或评判。根据信息加工理论,消费者获得与品牌相关的各种信息,在自身的整理、归纳之下,产生关于品牌形象的认识。消费者通过将品牌信息进行回忆、属性判断等加工过程,来产生品牌形象。

消费者的品牌形象主要来源于外部,并通过消费者自身经验的作用形成。消费者既考虑品牌自身特征的意义,又考虑品牌同消费者的关系,最终使得品牌的各个侧面形成抽象化认知。对服务性消费来说,组织及其服务构成了品牌形象的重要内容,乡村民宿的品牌形象就是游客基于民宿品牌、组织及其服务体验的一种心理认知。品牌形象概念侧重于消费者对品牌的感知层面,品牌资产概念则侧重于消费者对品牌的态度,品牌形象与品牌资产之间有着非常密切的联系。

2.2 理论基础

2.2.1 Berry 的服务企业品牌资产理论

对于服务型企业品牌资产的研究,有些学者认为,其与产品品牌资产并没有太大的差别,因此产品品牌资产的相关研究结论也同样适用于服务品牌;有些学者则认为,产品和服务两种品牌资产在本质上存在差异,相对比产品,由于服务的异质性与无形性等特性,服务品牌资产无论是生成路径,还是管理上均和产品品牌资产不同。Berry 在 2000 年提出了服务企业品牌资产培育的理论模型,得到很多学者的认可,成为一个具有代表性的经典模型[2]。

Berry 认为产品品牌与服务品牌发展过程有明显的差异性。如产品品牌更易与有形性的产品、包装、标志设计等联系在一起,即用物理性进行表现,设计好的品牌标签贴在产品上,利用反复播放的广告来展现产品等;对于无形性的服务而言,组织就是首要的品牌呈现,消费者服务体验在品牌形成中具有重要作用,因其深入性而更加真实。此外,实体产品品牌通常对组织规模、资金和广告计划的依赖性更强,对于服务品牌而言其发展路径有很大差异,在 Berry 的访谈中,星巴克创始人 Howard Schultz 提出"甚至你可以一次一个消费者、一次一个店、一次一个市场"。

因此,Berry 针对服务组织的品牌资产形成过程进行了分析,其构建的品牌资产模型如图 2-1 所示。Berry 描述了服务品牌的主要组成部分:"企业呈现的品牌""外部品牌传播""消费者体验""品牌知名度""品牌含义"和"品牌资产"。"企业呈现的品牌"是指消费者所吸收的关于企业及其服务的信息,这些信息实质上是不受企业控制的;"外部品牌传播"主要表现为口碑传播和宣传,消费者不仅可以通过企业的传播,还可以通过独立来源提供的关于企业的传播来获得对品牌的认识。提到一家企业,消费者首先想到的就是品牌含义,虽然企业呈现的品牌和外部品牌交流有助于品牌含义,但对于实际体验过服务的消费者来说,主要影响是体验。企业呈现的品牌和外部品牌交流对新消费者是重要的,然而,当消费者体验到公司的全部服务时,这些体验就会变得格外有影响力。消费者基于经验的信念是强大的,Berry 称"消费者对体验的失望关闭了传统品牌营销有助于打开的门"。

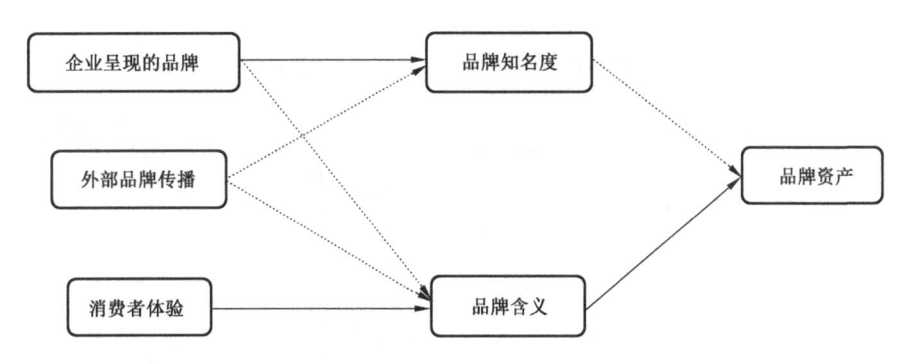

注：实线箭头表示主要影响，虚线箭头表示次要影响。

图 2-1　Berry 的服务企业品牌资产理论模型图

因此 Berry 认为，虽然品牌资产主要的构成在于两点，一是品牌含义；二是品牌知名度，但其中品牌含义的影响更大。对于有经验的客户来说，无论是品牌含义，还是品牌知名度都有助于品牌资产的形成，但其程度不同，以品牌知名度角度来讲，品牌是否拥有较高的知名度很大程度上会影响到消费者的购买决策；品牌含义与品牌形象的概念类似，Berry 将品牌知名度及其前因所形成的路径视为服务企业品牌资产形成的边缘路径，将"消费者体验—品牌含义—品牌资产"视为服务企业品牌资产形成的核心路径。

2.2.2　真实性理论

2.2.2.1　真实性的理论范式

真实性研究主要有客观主义真实性、建构主义真实性、存在主义真实性和后现代主义真实性四大较为成熟的理论范式，如图 2-2 所示。

客观主义真实性理论范式认为，有一个绝对的、客观的标准来衡量真实性，通常由权威人士或者专家来实施评判。客观主义真实性因此与传统的、历史的、原物、原产地等关联，例如对工艺品来说其应是原物，不然也需要相当符合当时的历史和传统，并经过专家认证。客观主义真实性一方面被认为具有重要意义，另一方面也一直在遭到质疑。部分学者认为，客观主义真实性的要求不是普适的，应放弃原有的理解而重构客观真实性的概念。总体来说，客观主义真实性在实际情况中常常难以实现；同时，在旅游体验的情境下，游客所体验到的真实性与专家、学者不同，其还受到诸多因素的影响，并非是固定标准的。

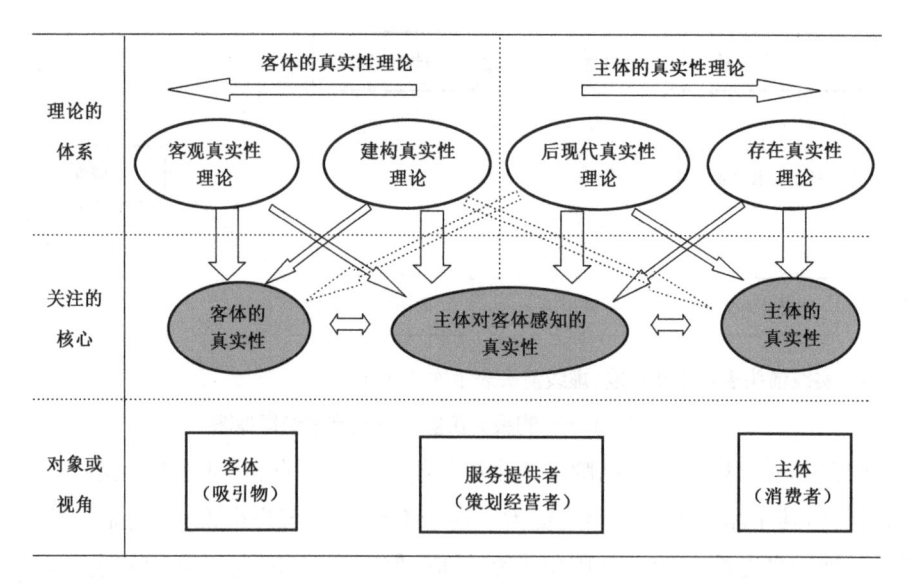

游客真实性体验对乡村民宿品牌资产的影响机制研究

图 2-2 真实性理论体系

注：此图根据王亚力等(2018)修改而成。

存在主义真实性理论范式关注的是主体对自身存在的真实感知。存在主义真实性可以与旅游吸引物的真实性无关，而强调主体体验，同时主体的真实性可由客体激发，人们由此感受到自我的真实感，比平时更加释放和接近内在，人际关系真实、放松而不虚假。存在主义真实性提供了一个新的视角，旅游体验的真实性不仅仅取决于旅游吸引物客体，同时还与主体自身紧密相关。在旅游情境中，一般认为同时存在客体真实性和主体真实性。

后现代主义真实性理论范式认为，旅游物真实也好，不真实也好，游客能够接受自然与原物，同时也接受仿真性和虚拟性。因此，旅游地与旅游物"不够真实"并不重要，后现代游客对于旅游过程中的心理体验更加关注，并且更能够理解现代旅游的舞台化"表演"性质。作为原物真实的替代品，后现代游客能够接受被制造出的真实。后现代主义真实性的相关研究，或针对后现代旅游吸引物(如迪斯尼乐园)展开，或针对游客的后现代性旅游态度进行分析，但目前来说其适用的研究对象仍相对较少。

建构主义真实性理论范式认为，真实性是旅游者或旅游制造者在意象、期望、偏好、信仰和力量等方面投射到旅游对象上的真实感。建构主义者认为真实是相对的，主要由旅游参与者所处的情境和内在需求，在多主体与旅游物的交互作用下"建构"出来。因此对于同一件物品，有不同版本的真实性。相应地，旅游中的真实体验和旅游对象的真实性是相互构成的,从这个意义上说,建构真实性实际上是符号性的真实性。

2.2.2.2 基于建构主义的游客真实性体验

建构主义真实性从建构的角度理解游客真实性体验,建构真实性的主体既包括旅游经营者,也包括旅游者。随着旅游的发展,旅游经营者将当地生活方式作为商品来出售,由此可能会通过改变旅游产品(即当地生活)的性质来创造吸引力,作为现代化商业组织往往在一定程度保存旅游吸引物客观真实的基础上,通过经营者的理解和创意对真实性进行建构。旅游吸引物的最主要价值在于传达游客所期望体验的价值趋向,游客的期望、偏好等影响着其对真实性的判断,游客感知的真实体验比事实上的真实性更加重要,正如 Kolar(2010)所言:"基于管理和营销的立场,关键问题在于真实性的宣称是否为游客所承认。"

游客的真实性体验受到主观定义的影响,这意味着在市场经济下的真实性体验是经营者在传达,而由游客所感知的真实性。游客真实性体验是多元的,并且与游客自身的对真实性的期望、偏好相关,游客真实性体验的具体建构过程如图 2-3 所示。

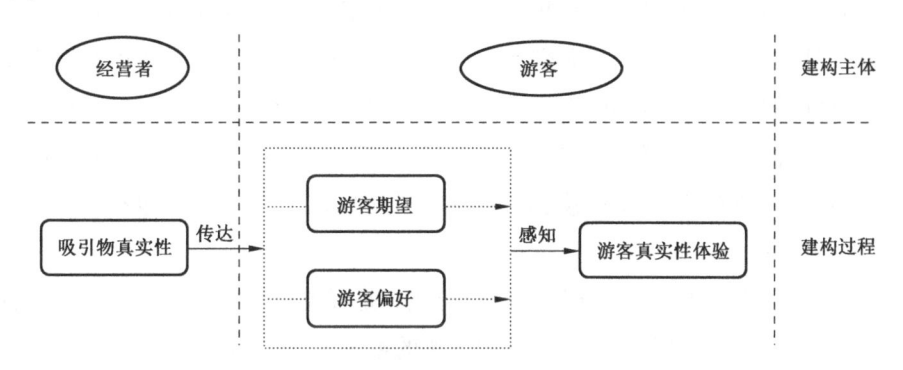

图 2-3 游客真实性体验的建构过程

本研究认为,与后现代主义真实性相比,客观主义真实性、建构主义真实性、存在主义真实性的主张更贴近当下的旅游实际;与客观主义真实性相比,建构主义真实性既重视起源,同时认为判断真实性的"标准"并不是绝对和客观的,其重视主体对真实性的建构过程;与存在主义真实性集中于主体真实性相比,建构主义真实性兼顾主客体的真实性。因此,以建构主义真实性理论作为真实性研究内容的主要依据。

2.2.3 品牌拟人化形象理论

泛灵论(animism)认为,人类为了加强与实物的精神联系,存在着一种使物体拟人化的需求。消费者出于自身的需要,对品牌进行拟人化的解释,其中主要包括赋予品牌以人类的品质。

2.2.3.1 品牌个性理论

品牌个性理论由来已久,在学术界中品牌个性主要指的是"和品牌有关联的人类性格或者是人类特征"。关于品牌个性有关的研究,在长达几十年的发展中,为品牌个性的实践和理论完善等均作出了非常大的贡献,特别是涉及品牌资产的内容。部分研究表示,品牌在和消费者建立联系时,主要是突显品牌拥有的人格特性。如若品牌个性和消费者个性两者有着紧密的联系,则有助于拉近品牌和消费者两者的关系,同时还能提升消费者的购买意愿。通常,品牌个性能够推动企业的良性发展。目前相关研究已从丰富的角度对品牌个性进行定义和分类。

2.2.3.2 刻板印象理论

刻板印象理论(stereotype content model,SCM)是来自社会心理学的一个成熟模型,它为更好地理解品牌个性提供了一个理论框架,广泛应用在社会学领域、组织领域、品牌管理领域的理论研究和管理实践中。SCM 指出,对他人的社会认知基于两个维度的评价:温暖和能力。当一个人感知到另一个人有良好的意图时,就会感受到温暖;当一个人感知到另一个人有能力实现这些意图时,就会感受到能力。温暖的特质包括善良、值得信赖、宽容、友好和真诚等;而能力特征包括能干、熟练、聪明和自信等。

刻板印象主要指的是按照以往的经历或者是经验等对某些群体给出的一种固定观点,这种观点可以归纳到社会认知偏差的范围中,对人们完成社会认知闭合有着重要作用。将温暖和能力作为刻板印象理论的核心维度,源自对人的感知研究,如冷暖的感知、能力相关的形容词,以及其他一些多维度特征描述。对不同个体或群体的判断很容易通过"温暖"和"能力"两个维度进行区分,SCM 的优点在于大量的种族、社群等文化样本的实证支持刻板印象归约为两个简约维度:温暖和能力。

温暖、能力的感知在消费者对企业感知中同样扮演着重要的角色,如:与非营利性组织相比,营利性组织通常让人感知更多高能力相关的特质;与营利性机构相比,非营利性机构通常让人感知更多高温暖相关的特质。对于品牌的评价,Kervyn 等(2012)开发了品牌意图能动框架(brand intentional agents framework,BIAF),解释了与温暖和能力相关的品牌感知的三个方面：评价维度、情感、行为反应[67]。BIAF采用2×2的矩阵，有四个象限，分别代表品牌的温暖和能力的四种可能组合：冷而无能（问题品牌）、冷而能干（专家品牌）、暖而无能（家长式品牌）、暖而能干（流行品牌）。根据消费者的认知，品牌可以被定位在适当的象限，如图2-4所示。

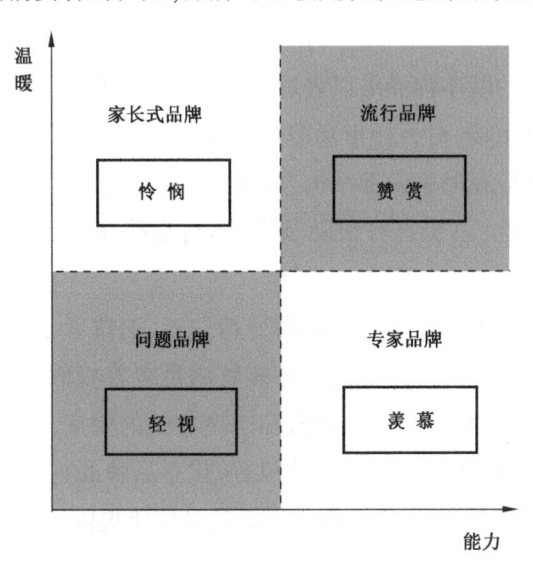

图2-4 品牌意图能动框架

那些被认为温暖和能力都很高的品牌被认为属于"黄金象限"，即流行品牌，能够唤起最高水平的赞赏和消费者忠诚，消费者认为这些品牌既有积极的意图，也有良好的能力；冷漠无能的品牌则被视为问题品牌；有能力但冷漠的品牌被认为是令人羡慕的专家品牌；温暖但能力较弱的品牌被认为是家长式品牌。

为了建立品牌资产，一个品牌应该既有良好的意图，又有良好的能力。温暖对于需要建立品牌资产的服务品牌来说尤为重要，能够使消费者相信商家将按照自己的最大利益行事。感知能力也多次与品牌资产联系在一起，其代表品牌是称职的，能够满足消费者的需求，具有专业性和竞争力，有能力的品牌被认为优于其他竞争者。

2.2.4 品牌定位理论

2.2.4.1 品牌定位的内涵

营销概念中的"定位"指针对消费者的定位，因此品牌定位主要指在消费者心智中的品牌独特位置，能够使品牌与其他竞争者相比更易于区分。品牌若想在消费者心中形成独特的印象,就必然需要有品牌定位。品牌定位在营销战略中具有重要地位,主要建立在对产品和服务的设计上,其目的是在目标消费者心目中占据独特的价值地位。品牌定位是增加品牌资产的有效战略手段,品牌定位在消费者头脑中形成积极、持久、独特的品牌联想,不断地使品牌的定位更加清晰、独特,从而增加品牌资产[139]。

  品牌定位理论的基本内涵可以表述为:定位的起点为目标消费者的心理;明确产品或服务的目标市场;对目标市场施加营销影响,以形成品牌竞争市场优势;品牌定位的最高境界应在品牌内部结构方面;不要试图去改变消费者心理,消费者心理具有一定的稳定性;不要盲目跟随领先品牌;品牌在消费者心里有特定的排列梯度。

  而与品牌定位相关的要素则包括目标消费者、消费者心理、竞争性框架、利益点等。目标消费者指品牌的产品或服务能够满足有着相似需求的潜在消费人群;消费者心理指确定与消费者认知、动机和态度有关的要素,选择与此相关的、恰当的定位维度;竞争性框架指明确自己的位置,建立品牌的竞争优势;利益点则指有效撼动消费者心灵、和消费者产生有效互动的品牌所提供的产品或服务利益。

2.2.4.2　STP 理论

  从品牌定位的过程来看,品牌定位的核心是"STP":细分市场(segmenting)、目标市场(targeting)、市场定位(positioning),如图 2-5 所示。STP 理论给出了品牌定位的内容与相关过程,即先进行市场细分,并找准目标市场,调整服务并最终形成市场定位。

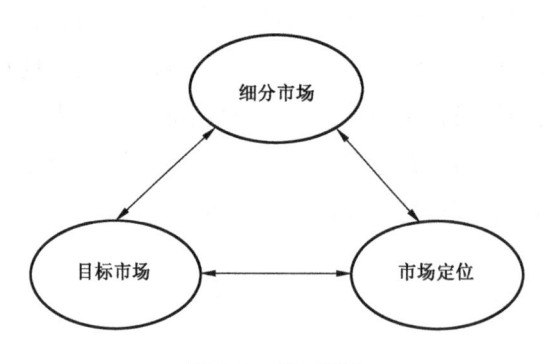

图 2-5　STP 理论

  首先,庞大的市场需要被进行划分,在这一阶段分析的过程是重要的;其次,需要选择适宜自身发展的目标市场,并作出具体的计划;最终,品牌需要适应目标市场,不断调整和修正,精准定位。组织综合考虑外部市场和自身情况,寻找目标市场,并根据目标市场的需求来实施营销战略,形成品牌与目标消费者群体的对应关系,即完成定位。

对乡村民宿品牌而言,经营者需要了解民宿消费者市场可以被如何划分,根据自身的情况来选择有较好发展的目标市场,了解目标市场的特点与需求,在民宿品牌的建设上与目标市场进行对接,形成品牌的市场定位。

2.2.4.3 市场细分理论

从STP理论来看,市场细分是品牌定位的首要步骤。一个产业所对应的市场是庞大的,个体组织只能选择有限的市场份额,并且去满足全部的市场需求是难以实现的,因此需要进行市场细分。由于市场上的消费者各不相同,则根据不同的需求将消费者划分为若干个不同的群体的过程,就是市场细分。细分下的每个市场都由具有某些相似特征的消费者所组成。市场细分的目的在于寻找差异,并把组织有限的资源集中在最需要的地方。在现代市场条件下,消费者的需求更加多样,市场细分也更加必要,并具有现实意义。为了增强企业在竞争市场的竞争力,组织需要在明确产品定位的基础上对市场进行细化分离,通过这种方式实现定位营销和精准营销。

目前,市场细分的依据并未形成统一的标准,研究者需要依据不同的市场环境进行判断。在实际操作过程中,出发点的不同决定了细分标准的不同。市场细分可大体上基于两种视角:一是组织所面对的消费者需求具有差异性,消费群体基于需求的不同向多元化发展,可基于消费者需求进行市场细分;二是组织自身资源有限,无法满足消费者的全部需求,因此组织需要基于自身条件明确目标市场。

2.2.4.4 旅游消费者类型

市场细分可依据不同的标准来实施,比如消费者居住地等地理因素,又比如在线购买等消费行为。旅游消费者行为学认为,游客表现出的消费行为与其自身特征有着密切的关系,旅游消费呈现出多样化、个性化的特点,不同旅游者对审美对象、服务等的感受不同,因此旅游活动的体验具有差异性[140]。

旅游学者们一致致力于研究如何对旅游者进行恰当的分类,而旅游营销人员寻求在一定共性的基础上,依据市场细分原理有效界定旅游消费者类型的方法。如若能够熟知并掌握某类消费群体旅游决策的共同原因、消费偏好,就易于设计出与之相符的旅游产品或者是旅游服务,做出正确的定价、分销决策等。对某些乡村民宿而言,某些类型的旅游消费者可能比其他类型的旅游者更具有价值,了解特定消费群体的消费规律,有助于其预测未来旅游消费者行为发展趋势,制定影响某类旅游者的相关策略。一般来说,对旅游消费分类的常用标准包括旅游者人口统计学特征分类、旅游者态度和心理特征分类、旅游者行为特征分类等。

2.2.4.5 基础资源观

市场上的消费者需求越来越呈现出多元化、个性化的趋势,但组织的资源、能力则是客观、有限的。为了获取竞争力,组织需要明确自身优势,选择合适的消费市场进入和发展。

资源基础观(RBV)是战略管理领域中理解企业竞争优势的重要理论依据,Penrose在《企业成长理论》一书中,对企业资源与企业成长间的关系进行了分析,形成了"组织不均衡成长理论"。RBV强调企业成长的内生性,认为企业成长虽然会受到来自外部因素的影响,但这些因素并非绝对的影响因素;在实践中,企业内部资源和企业现有的能力等均会为企业成长带来影响。所以,内部资源是企业获得成长的核心基础,尤其是在企业经营绩效和企业发展上,内部资源所发挥出的作用更为明显。由于企业拥有的资源和能力使得不同的企业之间可能会长期存在差异,不同的资源、能力及竞争力将为企业创造独特的市场地位[141]。

不同的乡村民宿,拥有不同的有形和无形资源,如果民宿能认识到自身条件及资源的异质性,并且以此为基础形成自身品牌优势,将探索适合自身的品牌资产建设道路。如果乡村民宿品牌复制经营成功的民宿资源与能力,而非构建自身的核心竞争力,有可能脱离自身实际,以及缺乏品牌差异性,不利于品牌资产的建设。

2.3 本章小结

本章首先对研究中的主要概念(乡村民宿、品牌资产、真实性体验、品牌形象)进行了阐释和界定,以明确研究内容的概念边界及其内涵。其次对研究所依据的主要理论进行了梳理,根据Berry的服务企业品牌资产理论,"消费者体验—品牌含义—品牌资产"可视为服务企业品牌资产形成的核心路径;通过对真实性理论范式的梳理,本研究基于建构主义理论对游客真实性体验的建构过程进行了分析,并将其作为真实性研究的主要理论依据;通过对品牌拟人化形象理论的分析,认为"品牌温暖"和"品牌能力"能够较好地解释品牌形象。最后,通过对品牌定位理论的阐述,认为乡村民宿应基于旅游消费者类型及自身资源探索适合的品牌资产建设道路。通过对主要概念和理论的分析,为后续的分析提供研究基础和理论依据。

第3章 游客真实性体验与乡村民宿品牌资产的关系分析

针对游客真实性体验对乡村民宿品牌资产的影响机制进行研究,首先需要确定游客真实性体验是否与乡村民宿品牌资产之间存在相关关系,并判定其因果关系方向,在明确游客真实性体验对乡村民宿品牌资产存在影响作用的基础上,展开进一步的研究分析。本章依照"提出问题—关系设想—验证关系—确定关系结论"的步骤,对游客真实性体验与乡村民宿品牌资产的关系进行分析。

3.1 乡村民宿品牌发展现状与问题分析

3.1.1 乡村民宿品牌发展现状

根据途家《2020年乡村民宿数据报告》,2020年途家平台的乡村民宿房源总数量达到54万套,是上一年的2.4倍;2020年途家平台乡村民宿的收益也非常突出,共接待570万人,获益超过17亿元,是上一年的3倍以上。2020年乡村民宿数量与收益大幅上涨,乡村民宿的发展势头迅猛,如图3-1、3-2所示。

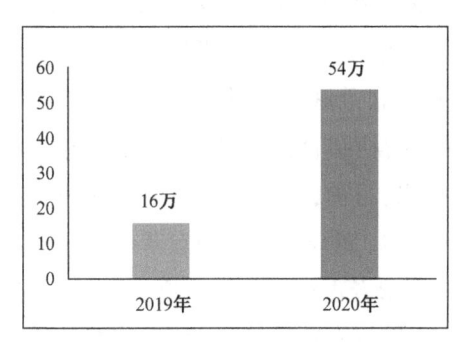

图 3-1　房源数量(套)对比图　　　图 3-2　创收金额(元)对比图

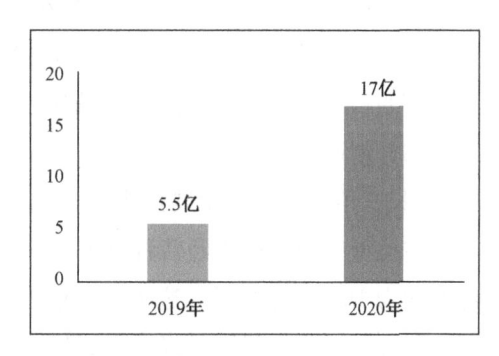

疫情防控期间,乡村民宿的发展并未减弱,尤其是精品民宿,获得消费者的喜爱并拥有更好的前景。目前乡村民宿行业进入结构调整阶段,国家重视对乡村民宿经营的优化,北京市首先对不合格民宿进行下架整顿,未来乡村民宿行业将进入

快速发展阶段。宿宿网的数据统计显示,早在2017年,以民宿经营作为核心的企业融资总额就已经达到了37亿元人民币,其中小猪平台和途家平台等诸多平台为民宿进行了多轮融资。依照市场统计显示,仅途家平台投资数额就超出了60亿元人民币。我国民宿产业发展至2019年下半年,累计资产规模已经超出了1000亿元人民币,市场中专门从事民宿投资的企业总数量也达到了70多家。民宿产业引来诸多风投公司的重视和关注,譬如云锋基金等[1]。

目前,乡村民宿品牌经营主体多样化,包括农民自主投资、景区投资、国有资本投资、社会资本投资等模式。民宿品牌运营方式包括独立运营,即民宿业主利用自家闲置房屋,建立"小而美"的乡村民宿品牌,在互联网的高速发展中,互联网为诸多"80后"带来巨大财富,部分致富群体将自身闲置资金用于乡村民宿的投资,同时在乡村振兴战略的深入落实中,大批高知识、高能力、高眼界的青年群体回乡创业,开办民宿,这些年轻的创业者品牌意识更强。

以村委会为主导的管理模式有着非常明显的统一性特性,这种模式主要是在村委会的倡导和引导下,村民将自家闲置的房屋进行重装或者是改造等,并以规模化的方式来进行运营发展,进而形成品牌化经营,这种模式对于乡村民宿品牌的发展有着非常大的益处,随着民宿产业的快速发展,以政府作为核心打造的区域民宿品牌也如雨后春笋般不断出现,在政府的帮助下,民宿品牌不但实现了快速发展,而且也为当地经济的发展作出贡献,形成了一定的民宿发展群。

以连锁模式而言,这种模式主要依托连锁酒店经营模式,让乡村民宿品牌实现连锁化发展;以托管模式角度而言,这种模式主要是诚聘专业的管理企业来负责乡村民宿的日常运作,在一定程度上解决了乡村民宿品牌运营过程中人手不足的问题。部分创业型公司、设计类企业将办公和民宿相结合,为民宿品牌注入专业力量。《长三角精品民宿发展报告(2018)》中提出,目前,长三角区域中出现的非自有住宅类型的民宿投资经营者总占比大约为49%,而合伙投资的经营者总数量占比大约为18%,由此可见,这两种民宿投资的经营者占比已经相当高,总占比达到了67%左右。乡村民宿的经营方式逐渐由家庭作坊式经营,向专业化、规范化的公司模式转变,品牌民宿成为投资的新选择。

根据《中国旅游住宿品牌发展报告》,2017—2019年,民宿品牌指数与精品酒店品牌的比较如图3-3所示,虽然民宿品牌指数与酒店品牌指数仍有一定差距,但民宿品牌指数呈现出逐年增长的态势。

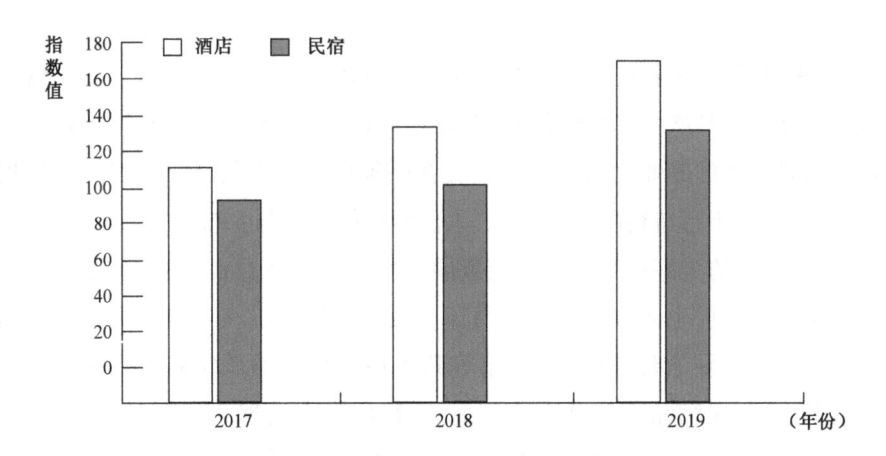

第3章 游客真实性体验与乡村民宿品牌资产的关系分析

图 3-3 2017—2019 年非标准化住宿品牌指数

品牌指数主要从搜索指数、舆情指数、媒体指数、运营指数四方面进行计算。对 2019 年民宿等非标准化住宿品牌指数走势进行分析，其中搜索指数增长幅度最小，用户搜索量保持在一定水平，潜在消费客群亟待进一步挖掘；舆情指数滚动上升，黏性客群增长速度明显，其对于品牌的认可度和复购率在增加；媒体指数变动情况较小，维持在一定水平；运营指数出现小幅提升，相关品牌在运营上纷纷谋求变革。具体情况如图 3-4 所示。

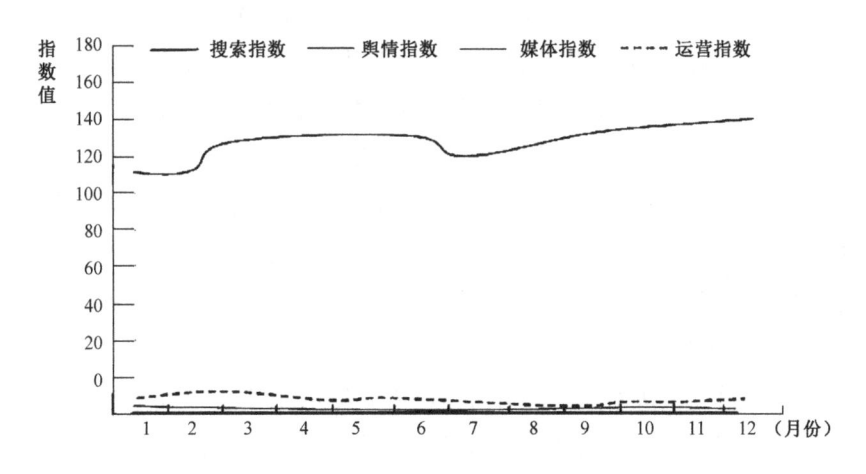

图 3-4 2019 年非标准化住宿品牌指数分维度走势

乡村民宿品牌的影响力和渗透力刚刚形成，虽然其在所有住宿业品牌中的占比在不断提升，但品牌相对占比仍较小。目前乡村民宿仍处于量变发展阶段，品牌指数提升速度缓慢。其作为新兴市场，品牌影响力发展仍无法与传统住宿企业

31

相比。

具体来说，目前乡村民宿品牌基本还是以单体、单栋房屋为主；自投自营的乡村民宿占比较多，其次则为"他投他营"模式。乡村民宿品牌的经营水平普遍处于初级阶段，管理者的专业化能力不足[142]，在品牌构建上重复、模仿行为较多，把乡村民宿建设等同于打造精品酒店[143]。人们对乡村旅游与乡村民宿形象的向往，是对诗意田园生活的美好描绘。乡土性氛围主要体现在乡村自然景观、乡村民俗文化、扎根土地的乡村生活方式与人文情怀。乡土性的核心在于社会形态的自然与本真，乡村民宿区别于传统酒店、旅馆等其他住宿形式的关键在于"情怀"与"温度"。此外，乡村民宿品牌的同质化严重，对客户界面的理解片面和趋同[144]。对成熟民宿品牌外在及成功经验的简单模仿，脱离实际情况。

3.1.2 乡村民宿品牌资产建设的现存问题

通过对乡村民宿品牌发展现状的分析，对乡村民宿品牌资产建设的现存问题进行归纳总结如下：

（1）品牌发展意识及能力不强

就城乡差距而言，乡村民宿的整体发展水平仍较落后，城市民宿无论在市场规模还是经济效益上都高于乡村民宿，品牌建设的成果也较好。乡村民宿多依山水散落，业者势单力薄，经营水平不足，缺乏品牌意识及品牌建设能力。

乡村民宿普遍品牌知名度不高，与品牌意识和品牌能力的不足脱不开干系。具体在于以下两点：第一，品牌发展并未引起乡村民宿的重视。这些年来，乡村民宿虽然获得了快速发展，但是发展依然处于初级阶段。诸多经营者受限于眼前利益而忽略长远发展，使得民宿品牌的规划与发展受到了严重影响。第二，经营者自身问题。传统乡村民宿以非正式接待部门居多，在民宿经营发展中，没有先进的经营理念和经营管理能力等，另外乡村民宿起步时间比较短，诸多经营者对于乡村民宿品牌经营的了解程度并不高[145]。

事实上，品牌化发展对乡村民宿而言非常重要，品牌能够形成差异化的品牌形象，而品牌形象可以通过消费者的直观感受和联想，树立乡村民宿的自身形象，提升消费者认可和偏好，使乡村民宿具备基于消费者的品牌资产，获取竞争力。目前一些具备品牌意识的乡村民宿，通过对品牌物理特征和品牌理念的确定和提升，来塑造品牌。但是乡村民宿品牌整体上仍存在差异性不强的问题，因此民宿难以令游客产生强烈的品牌形象感知，与其他民宿的差异性也难以凸显。

第3章 游客真实性体验与乡村民宿品牌资产的关系分析

(2) 重视品牌物理性特征及传播渠道,缺乏消费者体验

在激烈竞争形势下,越来越多的乡村民宿开始有品牌设计的想法,并展露出品牌雏形。许多中小型乡村民宿都重视品牌命名,多以具有诗意的名字和"小院"为名,对民宿标志及标语进行设计;在环境上,多营造具有田园氛围或古色古香的建筑主体和院落,注重绿化和造景。这些乡村民宿较早期的农家乐,能够给游客以更好的审美享受。但是,随着此类乡村民宿越来越多,这些乡村民宿品牌仍缺乏辨识度,住宿者在体验过一家后,虽感到满意,但同类的乡村民宿很多,难以令住宿者产生难忘的体验。乡村民宿品牌除有外显的品牌物理特征外,还需要在消费者体验上进行提升,以民宿及品牌自身带给消费者的体验形成旅游吸引力[146]。

民宿网络平台带动了乡村民宿业的发展,经营者可以将自家民宿在平台上进行发布和展示,提供咨询和预定,对于乡村民宿的品牌传播提供助力。但相关网站上同一区域同一类型的乡村民宿较多,差异化不明显,不具备鲜明的品牌形象,导致乡村民宿同质化竞争激烈。

乡村民宿的品牌发展,不仅仅是在其物理属性和营销方式上下功夫,还应从根本上关注消费者体验,即消费者对乡村民宿及其品牌的内在体验。品牌的外部传播可以开拓旅游者获取民宿信息的渠道,但对于体验过民宿的旅游者来说,真实的品牌体验是其对该品牌了解的主要方式。当游客获得对品牌的体验后,会产生内在感受,以及在记忆中形成对该品牌的联想,这些都会对品牌口碑以及游客的下一次选择产生影响。对于乡村民宿而言,其发展依赖于新老消费者的青睐,而其中新消费者受到民宿口碑及民宿品牌形象的影响,老消费者的重购很大程度上取决于过去对品牌的体验。

旅游者选择乡村民宿,往往希望有酒店宾馆以外的个性化体验,其将乡村民宿体验视为旅游休闲的一部分。很多乡村民宿在品牌建设时,认识到民宿的环境与酒店、宾馆不同,但没有领会民宿的深层要义。游客的深层体验,才是令旅游者记忆深刻、流连忘返的真正吸引法则。因此,相对比传统设计,民宿设计与之有着较大的差异,一般来讲,民宿设计不但要注重用户体验感,更要将文化和地区特性等因素融合在内。

这些年来,随着民宿产业的快速发展,诸多民宿经验已经意识到了民宿品牌的重要性,这为民宿实现品牌化发展营造了良好的氛围。由于消费者在民宿得到的体验主要为民宿产品,所以,在为民宿产品制定构成要素时,需要从全方位进行考虑。譬如空间体验或者是活动体验等,在乡村民宿人、事、物及场中形成独特的动

态场域。

(3) 现代性冲击之下的真实性保留困难增加

未来,乡村民宿品牌建设将在政府、投资者等多重主体的推进下获得快速发展,资本的注入、市场的发展,使得乡村民宿品牌发展趋势不可逆地朝向规模化、连锁化、标准化和专业化的道路迈进。在这一发展趋势下,怀有创业热忱与民宿情怀的创业者,也将收获品牌发展的更多机会,对旅游者而言,将有更多民宿品牌可供选择和体验。

但是,乡村民宿业有其自身的独特性,天然就具有"非标准化"的基因,乡村民宿与其他企业的品牌建设有一定差异。传统品牌发展道路重视标准化扩张,建立统一的品牌形象,并可快速进行品牌拓展及衍生。但对于乡村民宿而言,独特的在地资源和在地文化,使每一家乡村民宿看起来都不太一样,乡村民宿注重保护在地文化遗产和传统特质,其与现代化的融合是有局限的[147]。乡村民宿的这些特征,使乡村民宿与传达品牌利用规模效应的传播和扩张之路产生差异。在现代化冲击下,如何保留乡村民宿的真实性,是乡村民宿品牌建设中需要深入思考的。

(4) 忽视乡村民宿品牌发展过程中的差异性

连锁化民宿品牌与产品品牌的发展路径有相似之处,但仍需要注意保留不同地区乡村民宿的地域特色,以及乡村民宿的文化内核[148]。有些较小型的单体乡村民宿,在规模和资金上不能快速支持民宿品牌的传播和扩张,但是仍可以建设"小而美"的乡村民宿品牌。而无论是"大"品牌还是"小"品牌,乡村民宿的品牌建设都离不开乡村民宿自身的"真实性"。乡村民宿的一些"内置"特征,如在地性,如服务者的亲自接待和个人风格等,都是旅游者体验乡村民宿的一些基本诉求。在资本注入的求"大"求"快"发展,与乡村民宿的"小而美"与"慢生活"之间,必然会遭遇标准化与非标准化的冲突与调和;乡村民宿的独特性也促使乡村民宿的品牌建设具有不同的发展路径。

在多元化、重情怀的细分市场中,更新理念、独特而小众的文化成为品牌竞争砝码。民宿市场品牌差异性不明显,住宿形式的不断更新,反映了细分市场消费者需求的不稳定性及多样性,不断培养消费者对品牌的忠诚度及消费习惯,是非标准化住宿市场长期发展的重点。非标准化住宿独特的核心竞争力,包括切分的市场定位、独特的文化内涵、贴心周到的私人定制服务等,能够给消费者带来不一样的体验价值和产品体验。用户差异化需求不断深化,贴近当地生活和个性化特色是消费者选择乡村民宿的重要考量元素,用户具有明显的个性化旅游需求。乡村民宿是消费者异地出游的体验重地,需要品牌经营者提供更具有真实性、独特性和生活化的目的地特色服务。

3.2 游客真实性体验与乡村民宿品牌资产的关系假设

通过对乡村民宿品牌资产建设问题及游客真实性体验作用的分析,作出游客真实性体验与乡村民宿品牌资产关系的相关假设。

3.2.1 游客真实性体验对乡村民宿品牌资产的作用分析

品牌资产会受到品牌知识在消费者心中的认知程度带来的影响,当品牌能够被消费者准确地识别出来,并且消费者对品牌的营销活动表现出肯定和赞扬等积极态度时,品牌资产开始形成。乡村民宿游客获取品牌知识的途径主要包括三种:第一种是品牌传播,第二种是游客信息搜寻,第三种是品牌体验。游客通常在入住乡村民宿之前,已经开始获取品牌知识,无论是通过品牌传播还是游客信息搜寻,游客通过获得的民宿品牌知识与其他品牌进行比较选择,形成一定的品牌心理感知,以及品牌形象。品牌资产与品牌形象要素有着密切的联系,当品牌在消费者心中建立起强大的、正面的,以及特别的品牌形象时,品牌资产更容易形成。在实际入住乡村民宿后,游客会根据实际的品牌体验对前期建立起来的乡村民宿品牌形象进行修正,对乡村民宿品牌资产产生影响。

品牌的物理性特征构建是民宿品牌创建的基础,而品牌的外部传播有助于开拓旅游者获取民宿信息的渠道,对于民宿品牌资产建设有一定的积极作用。但这种影响是浅层次的,因为其与民宿品牌试图向市场传递的形象更加相关。乡村民宿品牌是一系列象征性、功能性和体验性元素的集合,对于体验过民宿的旅游者来说,真实的品牌体验是其对该品牌了解的主要方式。当游客获得品牌体验后,会产生内在感受,以及在记忆中形成对该品牌的联想,这些都会对品牌口碑以及游客的下一次选择产生影响,进而形成更加忠诚的消费者行为,并有利于品牌体验的传播。

游客体验是一个较大的范畴,在文化类旅游产品游客体验的相关研究中,相关学者把基础性服务项目与设施比作保健因素,当游客对这些方面体验较差时,旅游者会产生不满意的情绪,但是也很难因为优质的体验而达到满意的状态[84]。游客与基础性服务内容的接触度较高,但真正让游客体验达到极致的,并不是基础性服务本身,而是由服务所激发的游客深层体验。

探讨乡村民宿游客体验的一个核心问题在于游客在乡村民宿的住宿动机。乡村旅游通常被定义为乡村地区的旅游活动,乡村是一个空间概念,其游览对象由乡村地区大量的不同资源、吸引物、服务、人和环境构成。有学者认为,乡村旅游体验可以划分为区域层次和点层次[149]。在区域层次,乡村旅游者得以享受乡村的整体自然风光,并与整个旅游社区进行互动;而在点层次,游客逗留于特定的接待点并获得相应体验。乡村民宿属于乡村旅游点层次的体验,乡村民宿在提供餐饮和住宿之外,也是当地的旅游吸引物之一,构成了乡村旅游者享受自然环境和人文环境的基础,为其了解当地文化提供窗口,游客可以体验当地特色的建筑风格及自然景观,可以与民宿家庭进行互动,并深入体验当地生活方式。对于极具特色和具备深层体验的乡村民宿,自身便可以成为游客出游的主要动机。

乡村民宿是一个历史产物,根据其定义可知,乡村民宿是利用当地乡村民居为游客提供住宿及游览服务的设施。随着时代的发展,乡村民宿逐渐演化为一种多样化的产业形态,但其与酒店、宾馆等住宿形式相比有着非常大的差异,仍然保留着作为民宿的传统特征及文化特性,同时乡村民宿以温暖和贴心的服务让游客拥有宾至如归的心理感受,民宿主人为游客提供的亲切服务会被游客视为一种尊重和一种关怀,并且这种感受在城市酒店中并不易出现。

旅游者前往目的地旅游的目的不仅仅是享受旅游地的服务或产品,还是为了一种体验感。这种体验感由游客的主观心理来决定。游客在旅游之前会对旅游体验进行预期的构想,但往往会被虚假的旅游活动所打破[35],受到日常生活中疏离感的驱动,旅游者为了释放压力而产生旅游动机,并借助旅游活动来达到内心的期望[150]。学者们通过对多种旅行者的分析发现,寻求真实性是旅游者的一项重要旅游动机。Noy(2004)在研究时主要以背包客类型的游客作为研究对象,经研究后发现,这些游客之所以外出旅游主要是为了真实性体验[151]。Kim等(2006)在实证研究后表示,旅游活动主要是旅游者为了追求内心出现的真实性需求,而选择的一种参与性行为[152]。Cohen(2011)在研究后发现,引发游客出现旅游动机的主要因素在于寻求真实性[153]。

在乡村民宿的游客体验中,真实性体验居于重要地位[4,154]。乡村民宿的主要客群是游客,游客体验包含乡村民宿的餐饮、住宿等基础服务项目,以及民宿的功能设施,其构成了游客在乡村民宿的基础及表层体验;游客去体验乡村民宿的主要动机在于探寻"真实性",即去体验原汁原味的乡村民宿,其构成了游客的深层体验。乡村民宿是历史性产物,具有在地性、个性化等特征,也是游客体验当地自然

第 3 章　游客真实性体验与乡村民宿品牌资产的关系分析

环境和人文环境的一个渠道。乡村民宿的体验不同于城市,也不同于一般的酒店、宾馆,往往更能给游客带来旅游真实性与消费真实性。如图 3-5 所示,真实性体验作为乡村民宿的文化内核,取代了餐饮、住宿等表层功能,形成了游客在乡村民宿的深层体验。

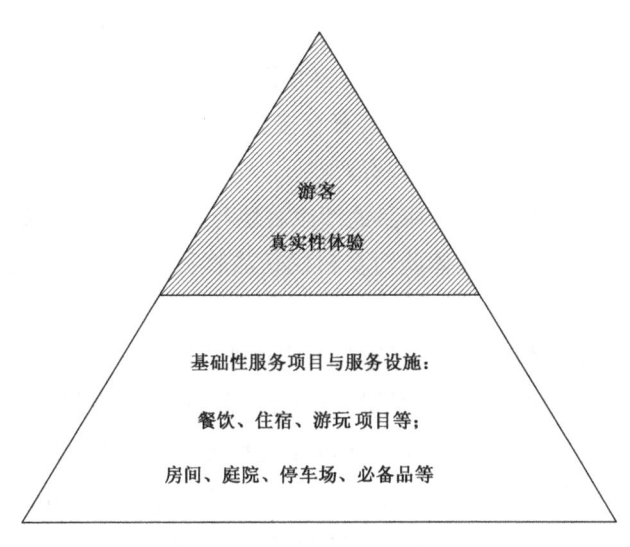

图 3-5　乡村民宿游客体验的构成

游客体验对品牌认知能够产生重要的作用。游客在乡村民宿的真实性体验,能够形成游客对乡村民宿品牌的感知。融合了民宿的品牌是什么,其他游客怎么说,以及民宿如何提供服务——所有这些都是从游客的角度出发的。当游客对乡村民宿产生真实性体验时,这种深层体验就会变得格外有影响力,作为体验性服务组织,游客对乡村民宿的真实性体验,能够帮助民宿树立起品牌内涵。

游客真实性体验加深了游客对品牌的印象,游客对其认可的乡村民宿品牌会产生选择偏好,当在近似的条件下,游客更乐于选择该乡村民宿品牌,这也就形成了乡村民宿的品牌资产。

3.2.2　关系分类及假设

根据现有的相关研究,消费者的品牌真实性体验对品牌资产存在着积极的影响,而游客真实性体验与游客的旅游地意向、行为之间则有着紧密的联系,对于乡村民宿而言,其既具有旅游目的地的相关属性,同时也作为消费性营销组织存在,现将游客真实性体验与乡村民宿品牌资产的关系分为直接影响关系和间接影响关系。

3.2.2.1 直接影响关系假设

在旅游研究领域,Tomaz 等(2010)的研究证实了真实性对旅游地忠诚度的直接影响[38],类似地,Yi 等(2016)的研究也证实了这一结论[31]。Park 等(2019)[32]和 Nguyen(2020)[155]都通过实证研究证实了真实性与游客满意度之间的直接关联。在营销研究领域,Hyunjoo 等(2019)认为品牌的真实性体验对消费者的品牌行为意向能够产生直接作用[156]。在旅游营销的研究中,Chen 等(2020)提出品牌真实性对消费者目的地品牌涉入度具有直接影响[41],Barrio 等(2019)则认为品牌真实性能够直接作用于目的地品牌资产[54]。

乡村民宿作为服务型组织,兼具遗产旅游地与营销品牌的相关属性,对于乡村民宿品牌而言,游客的真实性体验对乡村民宿品牌资产的直接影响可以体现在以下几个方面:

(1) 游客真实性体验对乡村民宿品牌构建的作用

乡村民宿是典型的旅游服务组织,与产品类品牌不同,乡村民宿品牌的构建主要是为其服务构建品牌,服务的无形性特征使其难以与品牌物理性特征产生紧密的联系。国内旅游业历经数十年的发展,从"以交付为中心"(delivery focused)不断向"体验经济"(experience economy)转变,消费者体验对于品牌的构建具有重要的意义,是消费者感知品牌的重要途径。对乡村民宿品牌而言,游客更期待其非标准化特征,对通过民宿品牌获得的旅游真实性体验更加关注,因此很难仅仅从服务质量的角度对乡村民宿品牌作出评判。游客在乡村民宿的真实性体验,有助于理解民宿品牌含义,以及品牌与物理性特征、外部传播内容的一致性程度,有助于构建乡村民宿品牌的消费者认知。

(2) 游客真实性体验对乡村民宿品牌偏好的作用

乡村民宿品牌资产的重要内容在于游客对品牌的差异化反应,与其竞争者相比,游客对某一民宿品牌的态度倾向与选择偏好能够形成该民宿的品牌资产。游客体验可以帮助更直接地理解品牌理念,因此其与民宿品牌资产的关联更加密切。在乡村民宿的真实性体验能够满足旅游者的旅游需求,使旅游者获得非单纯商业化所带来的旅游深度体验,因此乡村民宿品牌更易在同类旅游民宿中脱颖而出,促进游客的品牌偏好。

(3) 游客真实性体验对乡村民宿品牌重购行为的作用

态度理论认为,个体对某一类社会事物的心理倾向包括认知、情感和行为倾向几个方面。当游客获得乡村民宿品牌的真实性体验,游客不仅从内心对乡村民宿品牌产生认可,同时会表现出一种行为倾向。游客总是更乐于重购那些令其具有更好体验的旅游服务,当游客通过乡村民宿品牌获得真实性体验,相对于其他的乡村民宿,游客更易对该品牌产生重购行为。

(4) 游客真实性体验对乡村民宿品牌口碑行为的作用

游客体验是形成乡村民宿品牌口碑的主要来源,游客的实际体验形成游客对品牌的有力评价。由于旅游者在选择未知服务产品时所产生的不安全感,旅游者十分重视获取相关的服务评价信息,其通过多种途径了解服务口碑,如通过熟人,或参考网络评论等。游客在乡村民宿的真实性体验,能够形成积极的民宿品牌口碑,通过现实社交网络传播以及网络传播方式,增加乡村民宿的品牌资产。

综上,提出游客真实性体验与乡村民宿品牌资产之间直接影响关系的相关假设:

H1:在整体效应上,游客真实性体验对乡村民宿品牌资产存在显著的正向影响

3.2.2.2 间接影响关系假设

Berry 的服务企业品牌资产模型提出,品牌形象在消费者体验和品牌资产的关系中发挥积极的中介作用,消费者体验对品牌形象有积极影响,并通过品牌形象形成品牌资产[2]。其中,品牌资产由品牌知名度和品牌含义形成,其中品牌知名度受到"企业呈现的品牌"及"外部品牌交流"的影响,但其只是服务企业品牌资产形成的边缘路径。因为服务企业的服务与体验特性使其自身即能够代表品牌,消费者体验及其对品牌含义的感知是服务企业品牌资产形成的关键因素。消费者体验通过提升企业的品牌含义,进而驱动企业品牌资产。Berry 对"消费者体验—品牌含义—品牌资产"传导机制的解读,对服务型组织品牌资产研究有很好的适用性,其中"品牌含义"通常被理解为品牌形象。

认知评价理论认为,个体对事物的评价能够形成其对投射对象的信念。乡村民宿的游客真实性体验是游客对乡村民宿品牌服务的真实性属性所产生的感知体验,游客真实性体验有助于品牌正面形象的形成。品牌形象对消费者反应有较强的影响,消费者对真实性的感知是品牌联想的重要因素,向消费者传递和建立品牌的形象[157]。研究表明,对品牌有正面形象感知的消费者倾向于对该品牌的产品持有有利的态度[158]。乡村民宿游客的真实性体验提升了乡村民宿的品牌形象,并通过品牌形象形成品牌资产。乡村民宿的品牌能力形象及品牌温暖形象能够表明,品牌是乐于服务消费者的,并且有能力实现这种意图,因此游客会认为该乡村民宿

品牌比其他竞争者更好。此外,S-O-R 理论(刺激-有机体-反应)和态度 ABC 理论(认知-情感-行为)都认为,从消费者对营销刺激的认知到最终反应和行为之间有一个过程,游客通过对乡村民宿品牌的真实性体验,激发相应的心理状态,形成对品牌的感觉和态度,最终产生品牌选择倾向。

品牌形象被定义为消费者对品牌的信念、印象和想法的总和。乡村民宿品牌形象即是消费者对与乡村民宿品牌相关的情感感知、想法或象征性态度的综合[159]。消费者对服务体验的经验在他们对该品牌的认知中占有重要地位,即品牌是被感知的。品牌形象是游客对品牌的主导认知,是游客对民宿品牌及其关联的直接印象。提到一家民宿,游客首先想到的就是品牌形象。品牌形象的来源是什么?虽然民宿呈现的品牌及其外部传播有助于品牌形象,但对于实际体验过服务的游客来说,最主要的影响来源于体验。

在相关的实证研究中,消费者真实性体验对品牌资产的影响中,常常存在着中介机制。如 Kim 等(2019)的研究认为,消费者对餐厅真实性的感知能够通过餐厅形象来影响品牌资产[160];Chen 等(2020)认为,目的地品牌真实性能够影响目的地品牌涉入度,进而影响品牌重购与推荐意图[161]。消费者真实性体验与品牌形象之间有着紧密的联系,而品牌形象又是品牌资产的重要前因[63]。游客真实性体验对品牌资产的影响需要在游客体验和品牌之间建立起连接,游客真实性体验对乡村民宿品牌资产的影响还可以经由"游客真实性体验—品牌形象—品牌资产"的传导机制实现。

因此,提出游客真实性体验与乡村民宿品牌资产间接影响关系的相关假设:

H2:在整体效应上,游客真实性体验对乡村民宿品牌形象存在显著的正向影响

H3:在整体效应上,品牌形象对乡村民宿品牌资产存在显著的正向影响

3.3 游客真实性体验与乡村民宿品牌资产关系的元分析

为验证游客真实性体验与乡村民宿品牌资产之间的相关关系,进一步利用元分析统计方法,对相关领域内游客真实性体验与品牌资产关系的实证研究进行整合量化分析。

3.3.1 元分析统计方法

元分析(meta analysis)是对大量独立研究结果的一种系统评价和定量分析方法,元分析方法运用系统分析法对特定研究领域中具有一定内在联系的多种研究,

第 3 章 游客真实性体验与乡村民宿品牌资产的关系分析

进行客观且有统计量基础的综合分析。元分析需要系统化地搜集与研究密切相关的文献资料,在考虑统计误差的条件下,对纳入的各独立研究进行综合分析,最终获得变量间相关关系的判断结果。同一问题下的单一研究,研究视角、调研样本范围等各不相同,所获结论的应用性必然存在一定的限制。元分析可以增加研究问题的样本容量,并根据研究差异进行分析,不仅获取变量相关关系的综合性量化结论,并分析关系系数变动的具体原因,一定程度上克服单纯依靠理论分析做出的结论和假设,更加科学性、系统性地分析研究问题。

元分析主要适用于对两类研究问题的分析,一种是具有争议性的研究问题,通常研究主题具有大量的丰富研究,但不同研究者之间的研究结论存在明显的异质性;另一种是尚不清晰的研究问题,也可以通过整合相关研究进行研究问题的梳理与总结。元分析研究方法可以为第一类研究问题中不确定的变量关系提供整合性结论,也可以针对第二类研究问题提出新的论断,适用于探索性研究,有助于发现具有价值的研究方向。

3.3.2 数据来源

由于游客真实性体验与乡村民宿品牌资产关系的相关研究较少,本研究整合了游客真实性体验与旅游品牌资产关系的相关实证研究,通过 Web of Science(WOS)、SpringerLink、EBSCO、中国知网(CNKI)、万方、维普、百度学术等数据库,将英文检索词设置为"authenticity""brand equity",中文检索词设置为"真实性""本真性""原真性""品牌资产""品牌权益"等,全面地搜集有关真实性体验与品牌资产之间关系的学术文献,共获得数百篇相关文献。对搜集的文献进行仔细筛选,将研究限定为旅游领域的相关实证研究,最终梳理出 42 篇较符合要求的文献资料。研究试图解释游客真实性体验与品牌资产之间的相关关系和因果关系,并分析研究的异质性,对乡村民宿相关情境下的游客真实性体验与品牌资产关系进行分析。纳入研究的文献基本信息如表 3-1 所示。

表 3-1 纳入文献相关信息

作者	年份	样本量	作者	年份	样本量	作者	年份	样本量
Kim	2019	411	Salehzadeh	2018	213	余意峰	2017	360
Teng	2020	354	Shabbir	2017	200	Shang	2020	398
Chahal	2012	300	Sajjad	2015	150	Latiff	2019	470

续表 3-1

作者	年份	样本量	作者	年份	样本量	作者	年份	样本量
Lu	2015	228	Nguyen	2020	625	易小力	2019	365
Chen	2020	521	Fu	2019	365	陈瑞霞	2018	509
Aulia	2017	80	Salvador	2019	217	杜雅文	2017	444
Hou	2016	400	Nguyen	2016	202	Gao	2020	461
Bryce	2015	768	Tan	2020	291	Yi	2018	387
Ana	2018	205	Manthiou	2018	412	Park	2019	535
Asuncion	2019	749	Kolar	2010	1147	冯淑华	2007	445
Oh	2019	347	胡旺盛	2014	256	Lu	2015	412
Kim	2020	683	李文勇	2019	249	Mody	2020	618
Eggers	2013	285	谷松	2020	498	余意峰	2017b	360
Portal	2018	355	Yi	2016	124	Kim	2020b	411

3.3.3 主效应及调节效应检验

3.3.3.1 主效应检验

主效应是对两个变量之间相关系数的分析。整合旅游领域真实性体验与品牌资产关系的相关实证研究，包括对遗产旅游地、民族餐厅、民宿等多类品牌的研究文献。采用 r 系数来计算主效应，r 系数的采集来自各研究中的相关系数，并剔除掉无具体系数的文献资料。元分析计算效应值时需要进行数值转换，即先将 r 值转换为 Fisher Z 分数（Z 值），再通过加权计算将 Z 值转换回 r 值。首先进行第一次转换，得到 Z 值，计算方法如下：

$$Z = 0.5\ln[(1+r)/(1-r)] \tag{3-1}$$

求出 Z 的方差，其中 n 为样本数：

$$V_Z = 1/(n-3) \tag{3-2}$$

根据上式，进一步计算标准误差：

$$SE_z = \sqrt{V_z} \tag{3-3}$$

获得相关参数后，将标准误差平方的倒数作为权重对 Fisher's Z 值进行加权平均，获得 Z 值的总效应。然后进行第二次转换，此时 r 值的计算方法如下：

$$r = (e^{2Z}-1)/(e^{2Z}+1) \tag{3-4}$$

研究运用 CMA 2.0 软件进行分析。采用 Q 检验及 I^2 值进行异质性检验，若异质

第3章 游客真实性体验与乡村民宿品牌资产的关系分析

性检验的 P 值≥0.1，I^2≤50%，则提示研究间具有同质性，采用固定效应模型进行合并分析；若 P 值<0.1，I^2>50%，则提示研究间具有异质性，使用亚组分析寻找异质性来源，并使用随机效应模型进行数据分析。主效应检验的具体结果如表3-2所示。

表3-2 游客真实性体验与品牌资产相关的主效应

	品牌资产(95%CI)						
	I^2	χ^2	P 值	K	N	r	95%CI
游客真实性体验	0.98	0.122	<0.001	25	11214	0.5	[0.37,0.64]

注：χ^2=卡方值；K=研究文献篇数；N=所有研究中的累计样本数；r=修正加权的平均效应值；95%CI=95%置信区间

结果显示，I^2=98%，P<0.01，因此本研究采用随机效应模型汇总相关研究结果。最终结果显示，游客真实性体验与品牌资产的相关系数为0.5，95%置信区间的结果为[0.37,0.64]，P<0.001。说明总体上，游客真实性体验与品牌资产之间具有较高程度的相关性，且具有统计学意义。依据42篇文献各自的研究结论，证实游客真实性体验对品牌资产的影响关系，即游客真实性体验是"因"，品牌资产是"果"。

3.3.3.2 调节效应检验

通过对42篇相关研究的人工检阅，发现相关研究的研究情境及变量测度方式存在明显差异，因此主要从研究情境和测度方式两个方面对纳入的文献进行编码。

（1）研究情境的调节效应检验

游客真实性体验与品牌资产的相关研究涉及多种研究情境，主要包括：旅游空间"区域"层次，如旅游目的地品牌；旅游空间"点"层次，如景点、餐饮、住宿等旅游接待部门；此外，还有一些新型旅游接待部门，如旅游网站等。现将研究情境主要划分为"区域""景点""餐饮""住宿""其他"五类，由于餐饮、住宿两类研究分别只有2篇，因此将其进行合并处理。研究结果如表3-3所示。

表3-3 情境的调节效应

情境	同质性检验			K	N	r	95%CI
	I^2	γ^2	P 值				
餐饮、住宿	0.99	0.162	<0.01	4	1852	0.68	[0.29,1.08]
景点	0.95	0.045	<0.01	12	5322	0.36	[0.23,0.48]

续表 3-3

情境	同质性检验			K	N	r	95%CI
	I^2	γ^2	P 值				
区域	0.99	0.208	<0.01	5	1968	0.79	[0.39,1.20]
其他	0.77	0.007	<0.01	4	2072	0.39	[0.3,0.49]

汇总的结果显示，$Q_{组间}=6.13$，$df=3$，$P=0.035<0.05$。说明不同的研究情境对真实性体验与品牌资产的关系具有调节作用。其中，"餐饮、住宿"组 $r=0.68$，置信区间[0.29,1.08]，$P<0.01$；"景点"组 $r=0.36$，置信区间[0.23,0.48]，$P<0.01$；"区域"组 $r=0.79$，置信区间[0.39,1.20]，$P<0.01$；"其他"组 $r=0.39$，置信区间[0.30,0.49]，$P<0.01$。可见，"餐饮、住宿"组及"区域"组的相关系数高于总体效应（$r=0.68$），而"景点"组及"其他"组的相关系数则低于总体效应（$r=0.36$），说明"餐饮、住宿"及"区域"这两种研究情境中游客真实性体验与品牌资产的相关性较高。

（2）游客真实性体验测度方法的调节检验

在纳入的相关研究中，对"游客真实性体验"的测度存在着多种不同的方式，本研究主要将其划分为"整体式""主类别式""要素式"三类。第一种为整体式，在相关研究中，游客真实性体验有时以一个整体性概念出现，即单维度测量，如测量游客对民宿餐厅整体设计、饮食和员工的真实性感知。第二种为主类别式，在相关研究中，游客真实性体验被划分为主要的几个类别，通常依据真实性理论范式进行分类，如建构真实性、存在真实性等。第三种为要素式，在相关研究中，游客真实性体验依据不同的研究情境，以真实性体验的构成要素组成，如将文化遗址的游客真实性体验划分为建筑遗址、传统习俗、当地人文化。检验三类游客真实性体验测度方式对相关关系的调节效应，结果如表 3-4 所示。

表 3-4　游客真实性体验测度方法调节效应

情境	同质性检验			K	N	r	95%CI
	I^2	γ^2	P 值				
整体式	0.96	0.07	<0.01	6	2013	0.52	[0.31,0.74]
要素式	0.99	0.164	<0.01	8	3418	0.54	[0.25,0.82]
主类别式	0.99	0.138	<0.01	11	5783	0.47	[0.25,0.69]

汇总的结果显示，$Q_{组间}=0.157$，$df=2$，$P=0.924>0.05$，说明游客真实性体验不同的测度方法对于相关关系不具有显著的调节作用。其中，"整体式"组 $r=0.52$，置信区间[0.31,0.74]，$P<0.01$；"要素式"组 $r=0.54$，置信区间[0.25,0.82]，$P<0.01$；"主类别式"组 $r=0.47$，[0.25,0.69]，$P<0.01$。可以看出，三个组别的相关系数是相近的，其中"要素式"组的相关系数最高。

（3）品牌资产测度方法的调节检验

品牌资产也存在着多种不同的测度方式，本研究通过对纳入元分析的相关文献进行梳理，将其划分为"单维度""双维度"和"多维度"三组。单维度测量主要以游客对品牌与其竞争者相比的选择倾向为测量内容；双维度测量则将品牌资产进行拆解，测量的主要内容被分为两项，如选择品牌态度和品牌忠诚来测量品牌资产；多维度测量则从更多的方面对品牌资产进行测度，分析游客真实性体验对品牌资产多个不同维度的影响情况。检验三类品牌资产测度方式对相关关系的调节效应，结果如表3-5所示。

表3-5 品牌资产测度方法调节效应

测度方法	同质性检验			K	N	r	95%CI
	I^2	γ^2	P值				
单维度	0.97	0.075	<0.01	9	4005	0.57	[0.39,0.75]
双维度	0.99	0.184	<0.01	12	5389	0.48	[0.24,0.72]
多维度	0.98	0.102	<0.01	4	1820	0.43	[0.11,0.74]

元分析汇总的结果显示，$Q_{组间}=0.723$，$df=2$，$P=0.696>0.05$，说明品牌资产测度方法对于游客真实性体验与品牌资产的相关关系不具有调节作用。其中，"单维度"组 $r=0.57$，置信区间[0.39,0.75]，$P<0.01$；"双维度"组 $r=0.48$，置信区间[0.24,0.72]，$P<0.01$；"多维度"组 $r=0.43$，置信区间[0.11,0.74]，$P<0.01$。三个组别的相关系数无明显差异，说明品牌资产的不同测度方式，对游客真实性体验与品牌资产的相关系数并无显著影响，其中"单维度"组的相关系数最高。

3.3.4 中介效应检验

在纳入分析的42篇文献中，多篇文献显示：游客真实性体验对品牌形象有积极的正向影响；而品牌形象则是品牌资产的重要前因，对品牌资产有积极影响；游客真实性体验对品牌资产除存在直接影响外，品牌形象常常作为二者之间的中介变量出现。

对"品牌形象"在游客真实性体验与品牌资产关系中的中介效应进行检验。首先检验游客真实性体验与品牌形象的相关性,结果如表3-6所示。

表3-6 游客真实性体验与品牌形象相关性

	品牌形象					
	I^2	γ^2	P值	K	N	r	95%CI
游客真实性体验	0.98	0.147	<0.01	6	2098	0.66	[0.35,0.97]

异质性检验的结果显示,I^2=98%,$P<0.01$,因此采用随机效应模型汇总结果,发现,游客真实性体验与品牌形象的相关系数 r = 0.66,95%置信区间为[0.35,0.97],$P<0.01$,说明游客真实性体验与品牌形象之间存在较强的正向相关。

对品牌形象与品牌资产之间的相关性进行检验,异质性检验的结果为I^2=94%,$P<0.01$。采用随机效应模型汇总的结果显示,品牌形象与品牌资产的相关系数r=0.49,95%置信区间为[0.34,0.64],$P<0.01$,说明品牌形象与品牌资产之间存在较高程度的正向相关。检验结果如表3-7所示。

表3-7 品牌形象与品牌资产相关性

	品牌资产					
	I^2	γ^2	P值	K	N	r	95%CI
品牌形象	0.94	0.058	<0.01	11	3087	0.49	[0.34,0.64]

上述结果表明,游客真实性体验、品牌形象与品牌资产之间都存在显著的两两正向相关。说明品牌形象可作为游客真实性体验与品牌资产的中介变量,具体效应结果如图3-6所示。

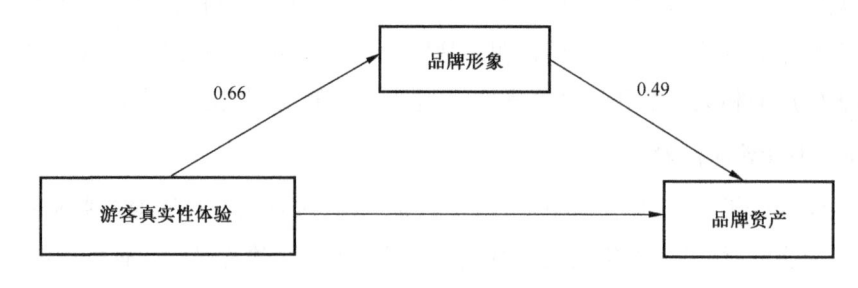

图3-6 中介效应检验结果

3.3.5 敏感性及发表偏误

通过敏感性分析与发表偏倚检验,确定本次研究的可靠性。通过将每个纳入的文献逐一消除,并对其余文献进行汇总分析来开展敏感性分析,以评估单个纳入文献是否对整个meta分析的结果产生过大影响。分析结果显示,不存在单个文献对本次meta分析结果产生过大影响,表明本次meta分析的结果是稳定可靠的。敏感性分析的结果显示,选取的真实性体验与品牌资产相关性研究中,剔除任一文献后的相关性结果都在0.47~0.52之间(95%的置信区间);真实性体验与品牌形象相关性的研究结果为0.58~0.73;而品牌形象与品牌资产相关性的研究结果为0.46~0.53。结果表明,研究结果之间有较强的一致性。

为检测纳入元分析的研究是否存在发表偏误,本研究采用漏斗图及Egger's偏误检验分析各指标的发表偏误。结果显示漏斗图基本呈现对称,如图3-7所示。为了更准确地检验,本研究还采用了Egger's检验进行发表偏误检验。回归检验的截距为0.114,$t=0.018$,$P=0.986$,表明本次研究的结果不存在明显的发表偏误。

3.3.6 综合结果分析

综合游客真实性体验对乡村民宿品牌资产相关性的假设和元分析检验结果,认为游客真实性体验对乡村民宿品牌资产存在着直接影响,并存在着"游客真实性体验—品牌形象—品牌资产"的间接影响,品牌形象可作为游客真实性体验与乡村民宿品牌资产关系的中介变量。从主效应的结果来看,游客真实性体验与旅游品牌资产的相关性系数为0.5;依据研究情境的调节效应结果,餐饮、住宿类的旅游情境其相关系数为0.68;从中介效应的结果来看,游客真实性体验与品牌形象的相关性系数为0.66,而品牌形象与品牌资产的相关性系数为0.49。可以看出,直接影响关系和间接影响关系都是显著的。

因此,本研究认为游客真实性体验与乡村民宿品牌资产的基本关系如图3-8所示。

在明确游客真实性体验与乡村民宿品牌资产基本关系的基础上,将对游客真实性体验与乡村民宿品牌资产的影响机制进行分析。游客真实性体验、品牌形象、品牌资产均有多种变量测度方式,其中品牌形象、品牌资产的维度划分体系较完整,具有较好的理论基础,而游客真实性体验的概念探析、维度划分仍处于发展之中,因此本研究首先要解决的是乡村民宿情境下游客真实性体验的维度划分,进而对乡村民宿品牌形象、品牌资产的维度进行判定,依据基本关系框架,来探讨各变量之间的影响过程及影响效果。

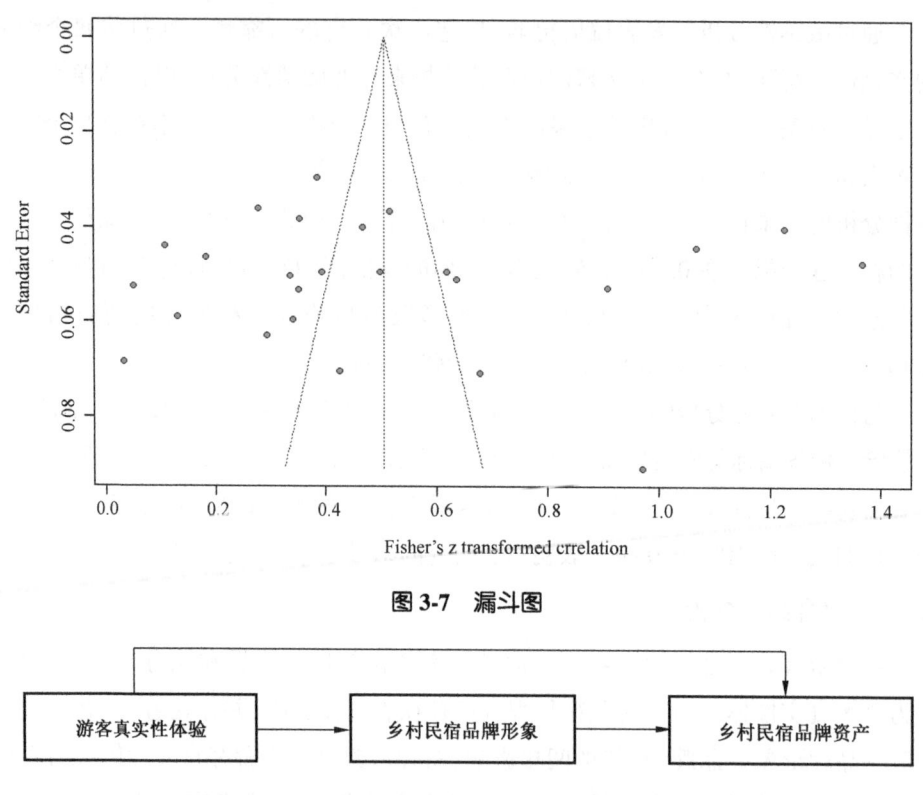

图 3-7 漏斗图

图 3-8 游客真实性体验与乡村民宿品牌资产的基本关系

3.4 本章小结

通过乡村民宿品牌发展现状及问题、游客真实性体验对乡村民宿品牌资产的作用阐述等,分析游客真实性体验与乡村民宿品牌资产之间的关系,将其分为直接影响关系和间接影响关系,并提出相应的研究假设。为验证研究假设,利用元分析技术,整合旅游领域游客真实性体验与品牌资产的相关实证研究结果,对主效应、调节效应、中介效应分别进行检验。研究结果显示,游客真实性体验对旅游品牌资产具有显著的高度相关关系,其中餐饮、住宿类(含民宿)旅游接待部门的相关性较强;品牌形象在游客真实性体验与品牌资产的关系中充当中介。最终明确游客真实性体验与乡村民宿品牌资产的基本关系,主要包括"游客真实性体验—品牌资产""游客真实性体验—品牌形象—品牌资产"两条关系,为进一步探讨游客真实性体验对乡村民宿品牌资产影响机制提供基本依据。

第4章 游客真实性体验对乡村民宿品牌资产的影响模型构建

通过上一章的分析,明确了游客真实性体验与乡村民宿品牌资产之间的基本关系,即游客真实性体验可通过直接及间接的方式影响乡村民宿品牌资产;此外,游客真实性体验、品牌形象、品牌资产均有多种变量测度方式。为深化游客真实性体验对乡村民宿品牌资产的影响研究,本章对三个主要变量进行维度的选取,进而提出变量间关系的研究假设,再次利用元分析的方法对所提出的研究假设进行初步检验,最终构建游客真实性体验对乡村民宿品牌资产影响的理论模型。

4.1 游客真实性体验的维度选取

从游客真实性体验的相关研究来看,一方面,目前游客真实性体验的概念探析、维度划分仍处于发展阶段;另一方面,在已有研究中,游客真实性体验的客体对象主要集中于传统遗产旅游吸引物,近年来虽已逐渐拓展到其他旅游研究对象,但针对乡村民宿情境,仍缺乏较为适用的成熟研究。本研究基于已有的相关研究基础,采用文本挖掘的方式,利用乡村民宿网络游记的相关资料,对乡村民宿游客真实性体验的维度进行探索式研究。

4.1.1 游客真实性体验的相关维度

针对不同的背景、情境及研究对象,真实性体验具有不同的内容。在思考乡村民宿游客的真实性体验时,通过对游客旅游动机的分析,认为其具有以下主要特征:

第一,旅游真实性体验与消费真实性体验共存。乡村旅游由乡村地区大量的不同资源、吸引物、服务、人和环境构成,游客往往将乡村地区作为现代化的避难所,以应对城市生活带来的各种压力和问题,因此乡村旅游受到旅游者的青睐。乡村民宿是乡村地区点层次的旅游体验,其构成了乡村旅游者享受自然环境的基础,为其了解当地文化提供了相应的窗口。因此乡村民宿游客的真实性体验首先是一种旅游真实性体验。

乡村民宿不仅仅作为游客游览旅游目的地的支持性设施,同时也是重要的旅游吸引物,作为经营性组织,其真实性很大程度上在于组织通过服务满足游客对真实性需求的程度。游客对乡村民宿具有一定的想象和期望,并对在乡村民宿的消费体验进行真实性的评判,识别虚假的消费体验。因此乡村民宿游客的真实性体验同时是一种消费真实性体验。

第二,客体真实性体验与主体真实性体验共存。乡村民宿游客真实性体验是游客在入住乡村民宿整个过程中,对客体真实性体验和主体真实性体验的综合评价。客体真实性体验主要指游客对旅游客体的感知体验和真实性判断,对乡村民宿而言,是游客对其物理设施及服务地道程度的体验。客体真实性体验主要是对乡村民宿的"身份判断",即其是否是当地民居的体现,在多大程度上体现了当地旅游特色、传统风味及文化。

主体真实性体验是与游客自身相关联的真实性体验,其通过乡村民宿住宿过程而激发。主体真实性体验主要包括个人和人际两个层面,对于前者,在旅游消费过程中,游客可以通过摆脱日常生活中的自我,从而发现另一个真实的自己。人际层面的真实性体验常常在旅游过程中通过人与人的交流而激发,形成一种忽略固有社会地位与身份的"共睦态"。乡村民宿是商业性接待组织,但与城市酒店中的接待不同,乡村民宿往往有一种家氛围,当乡村民宿脱离了商业化好客,并传达游客所需求的文化价值时,能够令游客拥有主体的真实性体验。

目前,真实性体验的相关研究分布于多个学科领域,乡村民宿既是旅游接待部门,又是营利性组织,因此对其游客的真实性体验进行分析,可涉及旅游管理和市场营销两大研究领域。

在旅游管理领域,真实性体验主要被划分为客体相关的真实性、主体相关的真实性。客体相关的真实性主要涉及旅游空间,是对旅游空间内部旅游吸引物真实性的判断,包括自然和人文环境、景观、物品等。主体相关的真实性主要涉及"旅游凝视者"的心理层面,即体验主体对于自身"存在"真实性的觉知程度,包括相关主体的价值、行为等,也被称为"活动相关的真实性"或"存在真实性"。

在市场营销领域,对真实性体验的研究主要集中于消费体验或品牌体验。从社会现实来看,在社会信任越来越脆弱、市场品牌多样且真假混杂的背景下,人们对真实的需求更为强烈,消费者试图通过消费的真实性感知来获得自我实现,真实

第4章 游客真实性体验对乡村民宿品牌资产的影响模型构建

性也因此作为品牌定位和产品开发策略。根据不同的消费情境,消费者真实性体验有所不同,但通常都包含多维度的影响因素,如品牌要素、服务要素、产地要素、人员要素等。

对相关研究中主要的真实性体验维度进行归纳总结,如表4-1所示。

表4-1 真实性体验相关维度

研究内容	具体维度	来源
旅游真实性	客体真实性、主体真实性	Tomaz, Vesna[38]
旅游地真实性	建筑遗产、传统习俗、当地文化、人内真实、人际真实	Lin, et al.[31]
消费真实性	原创、真挚、客体真实、人际真实、品牌自我表达	Mody, Hanks[44]
服务人员真实性	一线员工的真实性	Matthews, et al.[162]
品牌真实性	品质承诺、传统、独特、象征	Shirdastian, et al.[43]

4.1.2 研究方法及资料来源

4.1.2.1 文本挖掘方法

文本挖掘是将文本资料进行简化、压缩与归类的系统性观察过程,通过选取合适的文本资料并对有效信息进行提取,可综合定量及定性分析,分析途径与手段多样。本研究采用词频统计、语义关联网络、多维尺度图及扎根编码等手段对相关文本资料进行分析。根据认知理论,对事物的体验往往集中于若干重点,因此可以通过定量化语义关键词,来识别乡村民宿游客体验的核心内容。

在文本中,重要词语出现的频次反映了记述者对该内容的关注程度,词语之间的关联关系则有助于聚类的实现。编码分析源自扎根理论研究方法,对于搜集的大量文本资料,可以进行多步骤的逐层分析实现理论构建。乡村民宿游客真实性体验具有复杂性、多元性,因此首先通过统计方法确定旅游者在乡村民宿旅游体验中的相关主题,再采取编码方法来实现概念构建。编码分析的过程包含开放式编码、主轴式编码和选择性编码。

4.1.2.2 资料来源

本研究选取了旅游消费者网络志作为分析资料,相关网络志主要包括网络游记、网络评论等文本资料。对于乡村民宿游客体验而言,网络游记相对于网络评论,其内容往往更加全面和丰富,更加开放性地对旅游体验进行呈现,通过对网络游记的分析,能够较全面地获得民宿游客体验的相关内容。

本研究以乡村民宿网络游记为文本挖掘的数据来源,通过百度搜索进行乡村民宿游记的收集和筛选,以 2016 年为起始时间节点,共获得 31 篇长游记,作为本次文本分析的资料,游记资料的基本信息如表 4-2 所示。

表 4-2 游记资料统计

	分类	数量
来源网站	携程	21
	马蜂窝	5
	其他	5
年份	2021	5
	2020	3
	2019	8
	2018	6
	2017	5
	2016	4

4.1.3 文本分析过程

4.1.3.1 主题与词频分析

对文本主题进行初步判断,在游记中,消费者多次表述乡村民宿的独特之处,如"比宾馆酒店那种公式化要温暖很多""不同于标准化的酒店旅馆",此外还有许多"比起之前住在城市的房子真的住得很舒适""这是大城市未曾有过的体验"等类似表述,说明游客对乡村民宿有不同于普通酒店及日常生活的期待与体验。

进一步利用词频即关键词在文本中出现的频次高低,来确定文本资料的主要内容。乡村民宿游记以消费者对民宿的体验为主要内容,在游记文本中,重要词语出现的频次反映了消费者对该内容的关注程度,如果某些词语在众多文本中反复出现,说明这些词语所表征的内容是消费者关注的重点。本研究使用文本挖掘软件 ROST CM6 进行高频词分析,经过统计,文本资料中的词汇非常丰富,具有一定的分散性,本研究对频次大于 5 的主要词汇进行了统计,具体结果如表 4-3 所示。

第4章 游客真实性体验对乡村民宿品牌资产的影响模型构建

表4-3 游记中的主要词汇

排序	词语	频次	排序	词语	频次	排序	词语	频次
1	民宿	166	18	景色	10	35	海景	7
2	房间	39	19	自然	10	36	海边	7
3	主人	30	20	名字	10	37	山色	7
4	设计	23	21	露台	10	38	山居	7
5	酒店	22	22	宁静	9	39	传统	7
6	地方	22	23	享受	9	40	打造	6
7	老板	19	24	厨房	9	41	原始	6
8	房子	17	25	客房	8	42	当地	6
9	时间	15	26	对面	8	43	浮生	6
10	建筑	15	27	农场	8	44	追求	6
11	风格	14	28	梦想	8	45	满足	6
12	院子	13	29	精品	7	46	感受	6
13	管家	13	30	适合	7	47	温暖	6
14	房东	12	31	客人	7	48	舒适	6
15	风景	12	32	舒服	7	49	安静	6
16	朋友	12	33	孩子	7			
17	阳光	11	34	空气	7			

从词频可见,游记文本中反映了消费者对民宿的多方面体验,其中,"房间""设计""建筑""风景"等揭示了消费者对民宿吸引物的关注,"享受""梦想""舒服"等揭示了消费者对民宿旅游过程中自身感受的关注。除此之外,"主人""老板""管家""房东"等揭示了消费者对民宿服务相关人员的关注。在高频词中,"酒店"共出现了22次,用来阐释民宿与酒店的不同之处。

4.1.3.2 基于词共现矩阵的语义网络分析

词共现矩阵的假设提出基于:在大量的语言资料里,倘若有两个备选词在同一窗口单元中出现的频率较高,那么会判定这两个备选词有一定的联系,并且共同出现的概率与其关联度呈正比例关系,即概率越大,关系越密切[17]。一个包含 n 个关键词的共现矩阵被定义为:

$$M = \begin{bmatrix} C(w_1,w_1) & C(w_1,w_2) & \cdots & C(w_1,w_n) \\ C(w_2,w_1) & C(w_2,w_2) & \cdots & C(w_2,w_n) \\ \vdots & \vdots & & \vdots \\ C(w_n,w_1) & C(w_n,w_2) & \cdots & C(w_n,w_n) \end{bmatrix} \quad (4\text{-}1)$$

式 4-1 中 $C(w_i,w_j)$ 表示关键词 w_i、w_j 的共现度。由 w_i、w_j 出现的次数可计算得出：

$$C(w_i,w_j) = f(w_i \mid w_j)/f(w_i) \quad (4\text{-}2)$$

其中，$f(w_i)$ 表示词出现的总次数，$f(w_i \mid w_j)$ 表示共现频次。

首先对关键词的基向量 $\boldsymbol{W}_b$ 进行计算。先将数据进行预处理，通过对数据进行分词和统计获得核心的关键词，再按照这些关键词的统计结果构建共现矩阵 $\boldsymbol{M}_c = \begin{bmatrix} w_1 & w_2 & \cdots & w_n \end{bmatrix}$。通过所获得的核心关键词共现矩阵来计算核心关键词之间的相似度，建立关键词关联网络 $\boldsymbol{G}_s$。

词语意义的相似度可以体现出词语之间的联系程度，例如"酒店"和"住宿"，前者是名词，后者既是名词也是动词，这两个词有语义上的关联，所以这两个词具有语义相似度。在统计方法的基础上计算词语语义之间的关系，要根据对大规模语料进行反复练习，来评估词语间的相似程度 S_{ij}。最终得到 $\boldsymbol{G}_s$：

$$\boldsymbol{G}_s = \begin{bmatrix} S_{1,1} & S_{1,2} & \cdots & S_{1,n} \\ S_{2,1} & S_{2,2} & \cdots & S_{2,n} \\ \vdots & \vdots & & \vdots \\ S_{n,1} & S_{n,2} & \cdots & S_{n,n} \end{bmatrix} \quad (4\text{-}3)$$

根据关键词的相似度来构建语义关联网络，如图 4-1 所示。以连接线的颜色及宽度来区分相似程度，并用圆圈的大小来识别核心关键词。

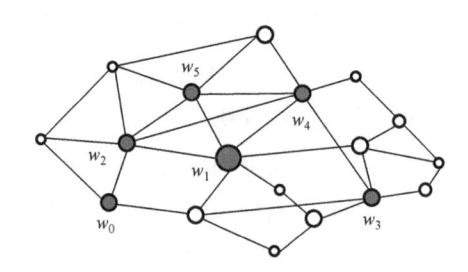

图 4-1 关键词语义关联网络

第4章 游客真实性体验对乡村民宿品牌资产的影响模型构建

进一步,利用 ROST CM6 软件,进行"社会网络与语义网络分析",生成31篇游记的语义网络图,如图4-2所示。

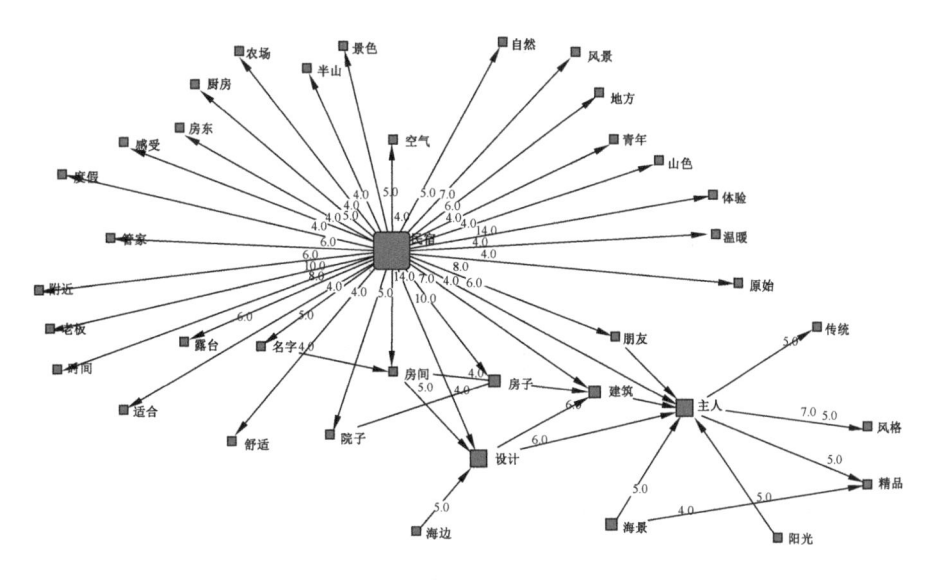

图4-2 乡村民宿游记语义网络图

文档中具有较高中心度的词语和词语间的关联程度一般通过语义网络图来反映。根据结果可见,"民宿"作为背景词,其中心度最高,为一级中心词,民宿体验的各个方面与之相连。其次,"主人"中心度相对较高,为二级中心词,也有一些相关词汇与之相连。

4.1.3.3 多维尺度分析

通过关键词词频分析和语义共线矩阵的建立,对关键词进行多维尺度分析,其结果如图4-3所示。

由多维尺度图可见,乡村民宿游客体验意象分散在四个象限中,其中第一象限中,"建筑""院子""农场"等主要显示了乡村民宿的客体特征;第二象限中,出现了"名字""精品"等品牌特征;第三象限中,"房东""主人"等代表着民宿主人;第四象限中,出现了"体验""旅行"等主体感受。

4.1.3.4 编码分析

为深入分析游客真实性体验的内容,利用软件 NVivo 12 对31篇游记文本(R1~R31)进行编码分析。

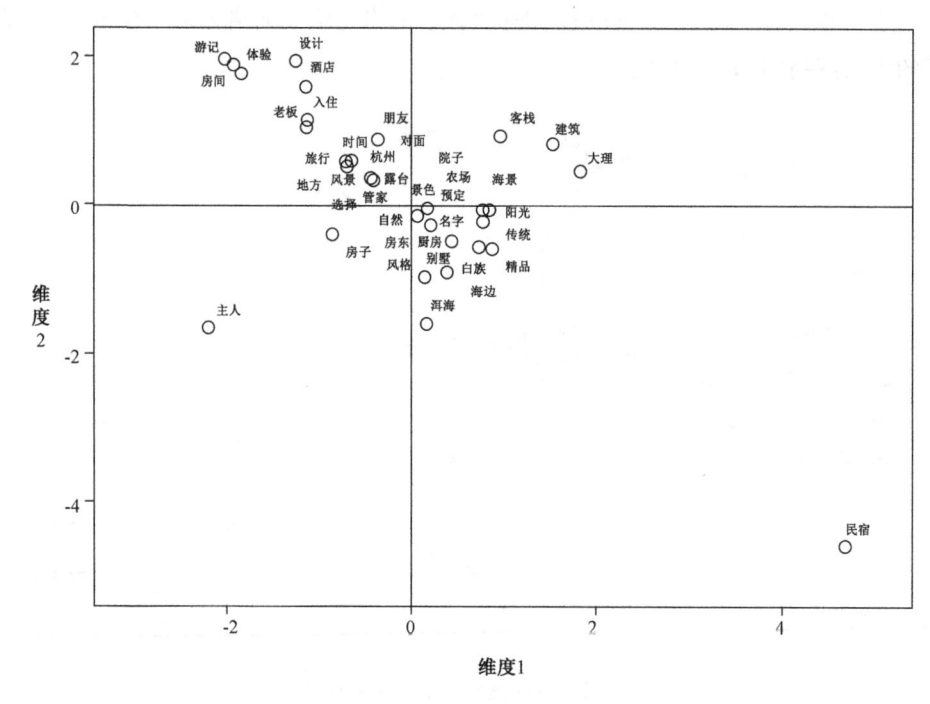

图 4-3 多维尺度图

（1）开放性编码

进行扎根编码的首要步骤是开放性编码，将概念和主题从原资料中提取出来。这时全部的阐释都是初步的、未确定的。开放性编码需要研究员抛弃主观上的偏见，根据原资料的状态来编码。把语句进行概念化时要尽量具体，这样在范畴化资料时，就可以归纳得更为精确。本研究先采取逐条分析语义的方式，从而形成最初的概念，共获得 19 个初始概念，如表 4-4 所示。

表 4-4 开放性编码

原始语句示例	初始概念
R6：是一家主打菩提元素的院子，给人以禅静。房子是俗称的泥砖房，原始地保留着风格，两层结构，应该属传统的粤北建筑，呈长条形，中间为厅，房间由厅两旁延伸，因此当地人称房子都以条为单位。	院落打造具有当地特色
R15：屋里散漫地挂置着一些古朴夸张的手工作品，很多原材质来自从民间收来的古珊瑚、老银器。看渔船慢慢驶过窗棂，古木沙发上的布幔，浅橙的白族传统雕花。	室内陈设具有乡村特征

第4章 游客真实性体验对乡村民宿品牌资产的影响模型构建

续表 4-4

原始语句示例	初始概念
R20：一湖碧水映秀岛的景色太惊艳了，简简单单地站着，会觉得世界实在是太大，自己也着实渺小，很多烦恼不顺心的事情，在这样开阔干净的景色中也就消失不见了。	乡村优美的景色
R20：公区的木制沙发上棉麻布的坐垫配上整齐的书籍，很有文人隐居之感，转头看向窗外，大面积的落地窗将室外的一切又好好地在你面前铺陈开来。	与民宿外景致协调一致
R14：白族屋檐的翘角遥视着苍山和大理古城，冬日高原的阳光依然炽烈，风起的时候，浪拍打着屋前的萝卜青菜。	保留自然风貌
R24：这里也提供免费钓鱼，可以跟工作人员领取鱼竿，鱼竿是用竹竿做成原始的，这令我想起小时候钓鱼的情景。带上孩子可以玩上一天。	当地休闲体验活动
R24：关于吃饭，这里的食材都是自家生产的，老板的理念是食材从农场直达餐桌，全程无公害生产；这里空气、水质比较好，一路进来也没看到有工业厂房。这里是有餐饮供应的，完全不用考虑吃饭的问题。食材是新鲜的，味道也可以，也有这里的特色菜，这个比较满意。	当地传统餐饮与烹饪方式
R3：拿好行李走进古街，拐个弯进了一个大门也算别有洞天吧。低低的房子，小小的院子，爬上矮墙的茑萝，跃出池塘的锦鲤，一切都安适恬淡，总之符合我的想象。	与乡村民宿一致的氛围
R31：这里的每个房间都各自成一种风格，带着不一样的色彩和韵味，"听雨"文静得像大家闺秀；"初见"是萌点满满的双床标间，色彩多样，布置也十分可爱；"山栖"则是以红色为主色调，浪漫而又大气，很适合热恋中的情侣哟！	民宿与众不同
R24：时候也不早了，最后逛了他们的产品展厅，有大米、鸡、鸭、五谷杂粮；原来他们在天猫和京东有网店的，可以购买他们的生鲜、米粮。	民宿独有的体验
R15：并不是有钱或有名的人，就一定可以成为青庐的客人，青庐总是在坚持自己的标准严格地挑选着客人，青庐希望客人：素食、戒烟、戒酒、禁大声喧哗。	创新性民宿生活理念

续表 4-4

原始语句示例	初始概念
R26:到了民宿附近早已是晚上十一点了,原本还想着房东或许已经睡下了,这个时间点是蛮尴尬的,试着敲了敲门,想看一下房东是否还醒着,结果还没一分钟房东就出来接我俩了,主动给我们拎行李箱不说,还给我俩准备了银耳莲子粥当消夜!	服务者的真诚态度
R25:每一样小细节无不显示主人的用心,让你身处小山村,却也能享受到高品质的生活,我想用"静逸质朴,品质非凡"来形容再贴切不过了。	服务者的用心投入
R14:你依然可以有钱也不住贵的,40元的床位看海景的房间也是有的。对于住腻了杂志上登出来的那些贵得离谱的豪宅的人来说,这里无疑是最好的选择。	民宿价格亲民
R18:三年多前他与女友环海,醉情于这片海域,建起来的海栖七号院成了他们的爱情见证。如今,二人已经生育了两个漂亮的公主安安和可可,海栖七号院也成为洱海边的地标客栈之一——他们是大理"新移民"的成功标本。	主人情怀
R25:入住体验很完美,贴心的管家,在用晚餐的时候,早已经将电视机打开,露台上的蜡烛也已经点上,一切都是刚刚好。	对服务者的信赖
R7:二楼长廊有主人精心布置的藤制沙发,窝在沙发里,虚度着光阴,任时间就这样在指尖缓缓地流逝。适逢一场春雨,极目远眺,青山如黛,云水含烟,"闲看庭前花开花落,漫随天外云卷云舒"。	满足游客的自身价值需求
R28:我们的话题从民宿的基础设施展开。他征求我的建议,跟我交心。	提供主客互动交流的空间
R20:在阡陌间,我们遇到了一群来自天南海北的旅行朋友,共话当下,共言美好,各种有趣的活动让我在那一刻感觉这里并不只是一间屋子,而是一个在旅行途中可以停下来歇歇脚、歇歇心的归岸。	提供同伴互动交流的空间

（2）主轴编码

主轴编码即对已有编码数据进行二级编码,把概念范畴进行分解,深入分析、提取,将相应的概念集中起来,达到概念的范畴化。对开放性编码中所获得的初始概念继续分析,剔除不符合要求的概念和频次较低的概念,对自由节点中被重复提到的相近概念进行整合。通过反复研究分析,最终从资料中抽象出12个独立范畴（A1~A12）,如表4-5所示。

第4章 游客真实性体验对乡村民宿品牌资产的影响模型构建

表4-5 主轴编码

对应范畴	频数	对应范畴	频数
A1 空间特色	$f(20,10.81\%)$	A7 独特理念	$f(12,6.49\%)$
A2 自然风貌	$f(22,11.89\%)$	A8 服务态度	$f(10,5.41\%)$
A3 当地特色活动	$f(20,10.81\%)$	A9 服务者内在动机	$f(21,11.35\%)$
A4 氛围	$f(10,5.41\%)$	A10 服务者可靠性	$f(10,5.41\%)$
A5 独特印象	$f(12,6.49\%)$	A11 人内真实	$f(11,5.95\%)$
A6 独特体验	$f(12,6.49\%)$	A12 人际真实	$f(25,13.51\%)$

（3）选择性编码

选择性编码能够实现对概念及其相互关系的最终梳理。与主轴式节点相比，选择式节点更具抽象性和总结性。首先，12个独立范畴被划分为4个主范畴；然后通过对自由节点和树状节点的识别，实现范畴之间的关系建立。经过选择性编码，编码的最终结果如表4-6所示，而整个编码过程如图4-4所示。

表4-6 编码结果汇总

维度	频数	主要内容	初始概念
乡村原真体验	$f(72,38.92\%)$	A1 空间特色	院落打造具有当地特色
			室内装饰具有乡村特征
		A2 自然风貌	与民宿外景致协调一致
			保留自然风貌
		A3 当地特色活动	当地传统餐饮与烹饪方式
			当地休闲体验活动
		A4 氛围	与乡村民宿一致的氛围
独特风格体验	$f(36,19.46\%)$	A5 独特印象	民宿与众不同
		A6 独特体验	民宿独有的体验
		A7 独特理念	创新性民宿生活理念
真挚服务体验	$f(41,22.16\%)$	A8 服务态度	服务者的真诚态度
		A9 服务者内在动机	服务者的用心投入
		A10 服务者可靠性	对服务者的信赖
自我关联体验	$f(36,19.46\%)$	A11 人内真实	满足游客的自身价值需求
		A12 人际真实	提供主客互动交流的空间
			提供同伴互动交流的空间

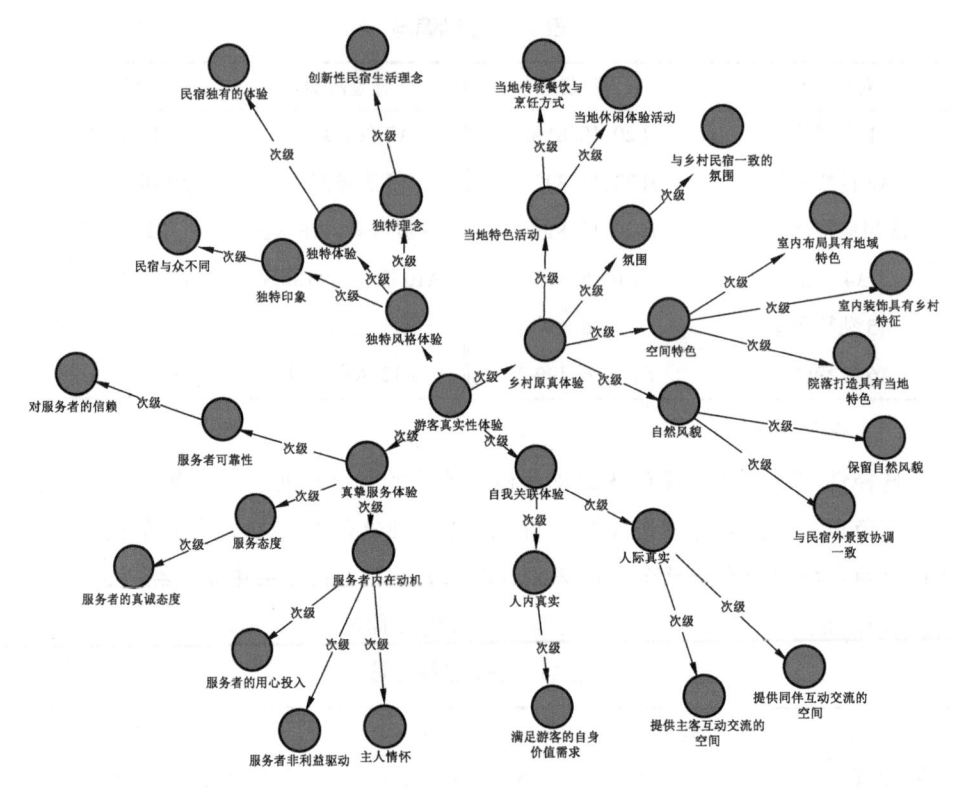

图 4-4 编码过程

（4）理论饱和度检验

检验数据的理论饱和度，需要补充新的数据，并分别进行开放式、主轴式以及选择式编码，如果结果适合上述典型关系，新的范畴没有产生，就表明有良好的理论的饱和度。完成对 31 篇游记的编码后，本研究从社交网络上进一步搜集了 15 篇短游记，进行数据的理论饱和度检验，得到的结果仍然符合以上典型关系，没有形成新的范畴，说明理论的饱和性较好。

4.1.4 维度划分结果

4.1.4.1 乡村原真体验

乡村民宿室内外空间、氛围、自然风貌、活动对当地乡村特色的反映程度，构成了游客的乡村原真体验。乡村原真体验体现了游客对乡村民宿与其身份一致性的判断。对于游客来说，其通过在乡村民宿的住宿与旅游活动，来满足追求旅游地传统生活方式、感受异地文化的动机。乡村民宿的"乡村原真"表征着在地文化，其室内外空间、自然环境及相关活动，都成为游客了解当地文化的直观媒介和窗口，

第4章　游客真实性体验对乡村民宿品牌资产的影响模型构建

游客对民宿的乡村原真体验,会非常自然地延伸至乡村民宿的真实性。主要通过与民宿所在地的乡村遗产、历史传统、起源等相关联,在过去与现在之间建立联系。游客通过民宿对乡村性的"解读"来体验旅游地文化及民宿文化,以其提供的实物、活动及氛围来呈现,从游客评论来看,主要包括民宿是否具有当地乡村特色的建筑、院落、设施等,其是否对乡村旅游地自然景致进行保护、存留及再造,以及是否能够为游客提供当地乡村的生活与农业体验活动等。

4.1.4.2　独特风格体验

对乡村民宿独特的印象、民宿独有的体验活动及创新性生活理念等构成了游客在乡村民宿的独特风格体验。独特风格有助于构建及表达独立的每个民宿,与同质性的民宿体验相比,游客对民宿独特风格的体验更具真实性。因此,除了对民宿身份的承诺,游客还追求民宿的独特风格。乡村民宿由于其群聚特征及专业化缺乏等原因,往往有同质化的弊端,因此乡村民宿的独特性是游客真实性体验的重要构成。乡村民宿是一种非标准化住宿设施,通过美学设计、活动呈现及理念表达等,体现了民宿的个性,令游客获得独特的真实性体验。

4.1.4.3　真挚服务体验

服务态度、服务者内在动机、服务可靠性构成了游客的真挚服务体验。乡村民宿的真挚服务是游客真实性体验的重要一环,并主要表现在服务者的真挚性上。乡村民宿与城市酒店服务人员的标准化服务不同,游客通常更期待民宿服务者的真实性。游客可通过服务者进行服务的内外部动机来判断其利益驱使程度,外部动机指服务者能够通过服务获取经济利益的服务动机,内部动机则指服务者发自内心进行服务的动机,后者被认为更加真实。消费者无法直接辨认服务者的真实性,因为服务者自身的真实性无法直接判断,但仍然能通过相关线索来感知。当游客通过乡村民宿服务者真诚的态度、内在动机、可靠性等感受到民宿服务者的真挚时,游客获得了民宿的真实性体验。

4.1.4.4　自我关联体验

从游客评论可知,人内真实和人际真实构成了游客的自我关联体验。游客对乡村民宿的追逐,主要在于实现内在自我需求的旅游动机,而乡村民宿对游客个体需求的满足很大程度上促成了真实性的体验。游客在入住乡村民宿的过程中,或为了寻求某种生活方式,或因民宿体验获得自身价值需求的认同感,得以在远离惯常环境的体验中去感受自己内心真实的想法和追求。乡村民宿还提供给游客以人际真实的空间,乡村民宿虽具有营利性,但又与一般的商品销售不同,其间住客之间的交流更频繁、自在。游客在与主人的互动中感知到了主人的真实情感,也自然地流露出了对主人的真实情感。此外,在乡村民宿宁静舒适的氛围下,游客与同伴之间,与当地人之间都有更真实的情感互动。

4.2 品牌资产、品牌形象的维度选取

4.2.1 品牌资产的维度选取

本研究从消费者心智的角度,对乡村民宿品牌资产进行衡量。基于消费者心智的品牌资产概念,弥补了单纯从企业视角进行品牌资产评定的不足,受到诸多研究者的关注,在这方面的研究中,品牌资产可以通过单个维度或者多个维度的方式来进行衡量。对相关研究进行分析及评估,最终确定乡村民宿品牌资产的维度。

4.2.1.1 品牌资产的多维度分析

品牌资产的多维度衡量有许多经典的研究,如 Aaker 的五维度"品牌资产构成模型"和 Keller 的"CBBE 模型",后来的许多研究者都在这些经典研究的框架下进行品牌资产的深化研究。

Aaker(1992)所提出的五维度品牌资产构成模型,如图 4-5 所示。在该模型中,Aaker 认为品牌资产各维度的地位相等,并着重分析了品牌联想、品牌忠诚和品牌知名度,认为其作为品牌资产的维度获得了普遍的支持。后来,Aaker 在进一步的研究中,继续拓展品牌资产构成模型,划分出更多的品牌资产二级维度。Aaker 的品牌资产构成模型给出了品牌资产构成的理论分析,对品牌资产相关要素进行了细致的划分。

Keller(2001)所构建的品牌资产 CBBE 模型,如图 4-6 所示。Keller 的品牌资产模型与 Aaker 的相比是一个更具有层级结构的金字塔模型。在 CBBE 模型中,品牌共鸣位于金字塔顶端,地位最为重要,因为品牌共鸣体现了消费者品牌感知的最终结果,是消费者与品牌的情感联系,有助于品牌的发展,为品牌带来基于消费者的品牌资产价值。品牌资产的实现是一个过程,消费者通过识别品牌、认知品牌内涵、产生品牌共鸣,最终实现与品牌的关系。

Aaker、Keller 等人对品牌资产维度的研究,有助于品牌资产的系统化及模块化管理,后来的许多学者都在其所创造的品牌资产框架下,对品牌资产的构成维度进行深化研究。

第4章 游客真实性体验对乡村民宿品牌资产的影响模型构建

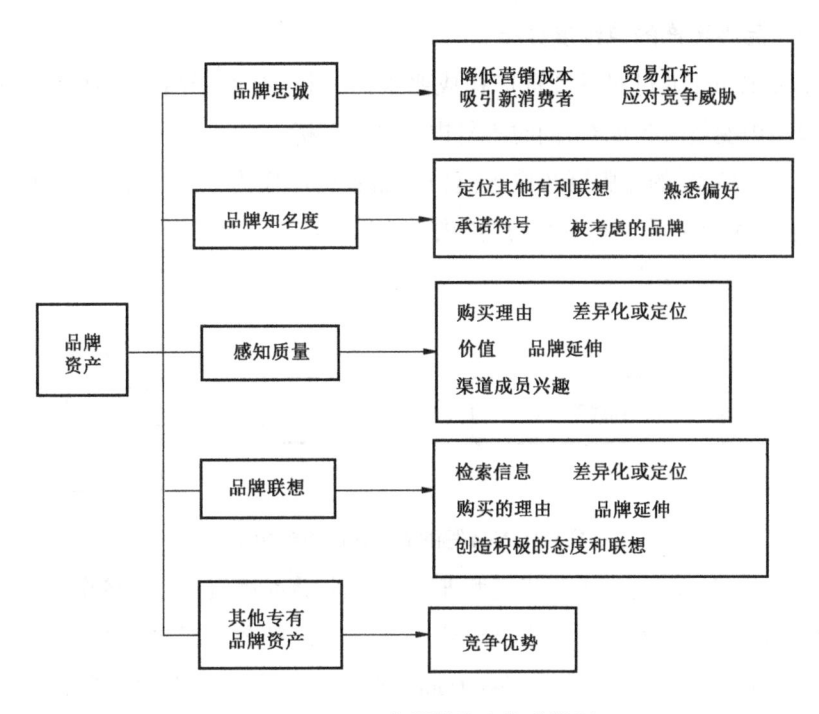

图 4-5 Aaker 的品牌资产构成模型

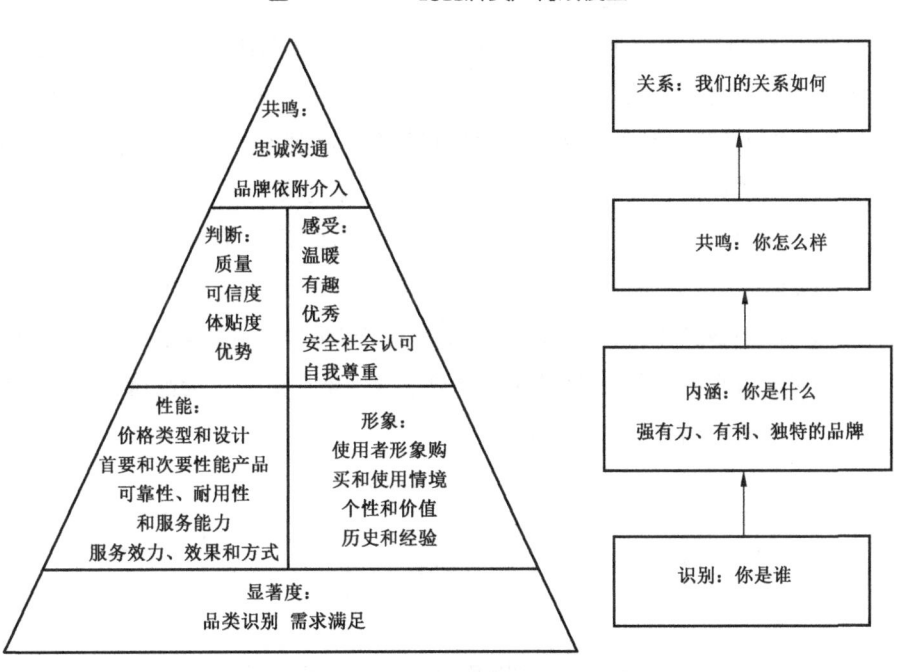

品牌资产
- 品牌忠诚 → 降低营销成本　贸易杠杆　吸引新消费者　应对竞争威胁
- 品牌知名度 → 定位其他有利联想　熟悉偏好　承诺符号　被考虑的品牌
- 感知质量 → 购买理由　差异化或定位　价值　品牌延伸　渠道成员兴趣
- 品牌联想 → 检索信息　差异化或定位　购买的理由　品牌延伸　创造积极的态度和联想
- 其他专有品牌资产 → 竞争优势

金字塔（自上而下）：
- 共鸣：忠诚沟通　品牌依附介入
- 判断：质量　可信度　体贴度　优势 ／ 感受：温暖　有趣　优秀　安全社会认可　自我尊重
- 性能：价格类型和设计　首要和次要性能产品　可靠性、耐用性和服务能力　服务效力、效果和方式 ／ 形象：使用者形象购买和使用情境　个性和价值　历史和经验
- 显著度：品类识别　需求满足

右侧流程（自下而上）：
- 识别：你是谁
- 内涵：你是什么　强有力、有利、独特的品牌
- 共鸣：你怎么样
- 关系：我们的关系如何

图 4-6 Keller 基于消费者的品牌资产模型

4.2.1.2 品牌资产的单维度分析

Aaker、Keller通过对品牌资产构成要素的分析,有助于品牌资产的模块化管理,但模型中变量较为庞杂,同时不易进行量化分析。

Yoo等(2000)的品牌资产概念模型将品牌资产作为独立变量,探索其与其他影响因素之间的关系[163],其所构建的模型如图4-7所示。

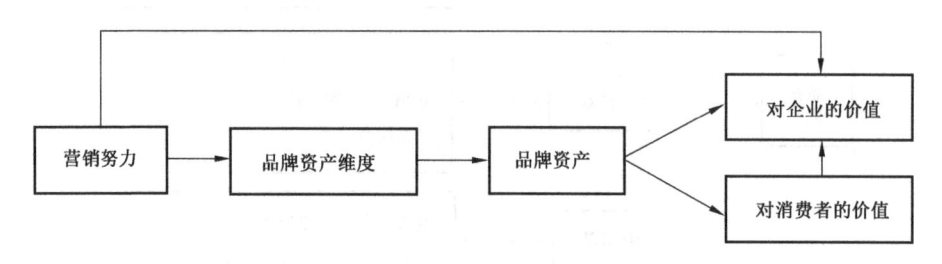

图4-7 Yoo等的品牌资产概念模型

Yoo等对Aaker的品牌资产模型进行了拓展,将品牌资产与品牌资产的各维度之间进行了分离,认为营销努力能够影响品牌资产的各个维度,增加总的品牌资产,并带来企业和消费者价值。Yoo、Donth所开发的量表通过了实证检验,为后续的品牌资产单维度研究奠定了基础。

依据Berry的服务企业品牌资产模型,与品牌含义相比,品牌知名度是服务企业品牌资产形成的边缘路径。因为服务企业的服务与体验特性使其自身即代表品牌,消费者体验及其对品牌含义的感知是服务企业品牌资产形成的关键因素,对服务企业的品牌资产而言具有核心意义。Berry的理论模型虽然将品牌含义视为品牌资产的构成要素,但对二者之间的因果关系进行了分析,实际将品牌资产视作一个独立的要素。

Berry对"消费者体验—品牌含义—品牌资产"传导机制的解读,对服务型组织品牌资产研究有很好的适用性,其中"品牌含义"通常被理解为品牌形象,服务企业品牌资产的核心路径如图4-8所示。

图4-8 Berry的服务企业品牌资产模型简化图

第4章　游客真实性体验对乡村民宿品牌资产的影响模型构建

类似地,Chao-Hung Wang等(2009)对服务接触对品牌资产的影响作用进行研究,以服务接触各因素通过关系质量对品牌资产的影响效果进行分析,将品牌资产视为"消费者对品牌名称的反应"[57]。Filieri等(2018)对品牌原产地对品牌资产的影响作用进行研究,测度品牌原产地特征通过消费者品牌感知对品牌资产的影响过程及程度,将品牌资产视为与"其他品牌相比,购买X品牌的选择意愿"[164]。

4.2.1.3 维度的选取

综合品牌资产多维度和单维度的相关研究,品牌资产的多维度有助于梳理品牌资产的相关因素,但模型涉及的变量较多。

对于单维度的衡量方式,利用抽离出品牌资产核心内涵的方式,主要以品牌与其他品牌/组织比较所获得的消费者偏好来进行测度[16],较易于衡量。相关研究通常将其作为研究的结果变量,与其他相关影响因素独立开来,分析营销因素/消费者体验等对品牌资产的影响效果、各影响因素之间的相互作用及影响机制等。

本研究的主要目的在于,试图分析游客真实性体验是否对乡村民宿品牌资产存在积极的影响作用。若这种影响作用存在,需要提升游客真实性体验的哪些方面,以及需要哪些相关要素的参与。在该过程中,已经将品牌资产中的部分构成要素进行了抽离。因此,以"消费者对该品牌与其竞争者相比的品牌偏好"作为操作性定义,将品牌资产作为单一维度,以其为研究的结果变量。

4.2.2 品牌形象的维度选取

4.2.2.1 品牌形象的维度

从品牌形象维度的相关研究来看,其包括单维度、双维度、三维度,以及包含更多维度的分类方式。其中单维度主要研究品牌在消费者心中的整体形象;二维度的研究包括"能力和诚信""温暖和能力""软性和硬性"等分类方式;三维度包括"消费性、象征性、经验性""企业形象、使用者形象、产品形象"等;还有将品牌形象划分为较为复杂的多维度的相关研究,如"纯真、刺激、称职、教养、强壮"(品牌个性)、"个人、关系、社会、集体"等等,不一而足。

从消费者真实性体验与品牌资产的相关文献来看,所涉及的中介变量中,有感知价值/质量、认知形象、功能体验/价值、品牌依恋、品牌热爱、情感形象/体验/价值等[60]。从这些变量来看,其可被大致归类为两个维度,品牌研究领域的大量研究支持这种二分法,其中品牌信任、感知质量、认知形象、功能价值等可以归为"能力"维度,品牌依恋、品牌热爱、情感价值等可以归为"温暖"维度[165]。在消费者真实性体验与品牌资产关系的相关研究中,直接由"温暖""能力"命名的品牌形象变量也有较好的解释能力[58-59]。

从理论角度来看,刻板印象理论、品牌意图能动框架及品牌形象的"软硬"分类法等对此可以进行阐释。刻板印象理论认为,温暖和能力是人们刻板印象的核心维度[166],利于解释日常社会行为。这种分类还应用到了对产品总体评价、产品属性评价、产品信息处理程度以及社会行为的评估等。Bennet 等(2012)对四个关联性很低的行业进行分析时,也能够证实这一结论[167]。

有些消费者更多关注的是品牌的功能利益,有些消费者则更多关注品牌的情感利益。Biel 将企业/品牌形象划分为"硬"和"软"[168]。硬形象包含品牌的客观特征,比如原产地、影响力程度等,是消费者对品牌实力的评价;软形象包含品牌与消费者的关系、消费者的品牌体验等,侧重消费者对品牌的主观感受。

4.2.2.2 乡村民宿品牌形象维度的选取

对乡村民宿品牌而言,其具有一定的特征。首先,乡村民宿是非标准化的住宿设施。乡村民宿作为住宿设施,需要提供游客住宿功能和相关服务,其中有形的住宿环境、物品设施,以及无形的服务接触等,与城市酒店之间有一定的共性,乡村民宿利用服务质量来塑造品牌的能力形象;乡村民宿的非标准化,意味着乡村民宿品牌与城市酒店品牌之间还存在着较大的差异,城市酒店强调统一化、流程化、规模化、连锁化等,乡村民宿则有更大的自由度,乡村民宿品牌往往有其个性,并非千篇一律,携带着民宿主人的故事、品位与情怀,民宿旅游者也往往不以城市酒店的标准来要求乡村民宿,其可以小而温情,也可以简单但富有趣味,乡村民宿通过其个性和情感来塑造品牌的温暖形象。

其次,乡村民宿还兼具旅游功能。乡村民宿是乡村旅游地的一定缩影,其有形性资源在一定程度上直观展现了乡村民宿的地道程度,如原物的保留及再造、建筑及装修风格等,这些都有助于塑造乡村民宿品牌的能力形象;另一方面,旅游者通常通过旅游行为实现内在动机及需求,以获得情感上的旅游体验,并将其视为一种消遣方式,旅游者期望通过乡村民宿了解当地的人文特征,增加互动和交流,乡村民宿品牌对当地文化、生活文化等的呈现,有助于塑造乡村民宿的品牌温暖形象。

游客不仅期望乡村民宿品牌有温暖的形象,同时希望其具有能力形象。温暖形象表达了品牌有服务于消费者的意图,为消费者利益着想;能力形象则意味着品牌有实现其意图的能力,因为品牌仅有理念是不够的,同时还需要将理念付诸现实的实力。乡村民宿品牌既需要温暖形象,也需要能力形象,其可以构成乡村民宿品牌形象的两面,本研究将乡村民宿品牌形象划分为能力和温暖两个维度。

4.3 研究假设的提出

依据游客真实性体验与乡村民宿品牌资产的基本关系框架,提出变量间关系的相关研究假设。

4.3.1 游客真实性体验与品牌形象的关系假设

根据对Berry的服务企业品牌资产培育模型的应用,消费者体验与品牌形象之间有着紧密的联系,此外,Chen等(2020)的相关研究也证实了,游客真实性体验对品牌形象的积极影响[161]。对于真实性体验的多个不同维度,Korstanje等(2017)认为"个性""独特""一致""连续"能够促进地方品牌形象的形成[169];Yildiz等(2017)的研究证实了"连续性""原创性""可信性""自然"几个真实性维度能够影响品牌形象[170]。本研究将游客真实性体验划分为乡村原真体验、独特风格体验、真挚服务体验、自我关联体验四个维度,而将品牌形象划分为品牌能力形象、品牌温暖形象,具体分析如下:

(1) 乡村原真体验与品牌形象

乡村原真体验,意味着民宿游客在多大程度上体验到当地乡村的真实性,这是游客入住乡村民宿的重要动机之一。乡村旅游的吸引力首先来自其内在的乡土特征[171],游客感兴趣的并不是旅游场所的物理性设施,而是其表现出的乡村特性,乡村地带与城市地带的独特差异,是游客体验的重要内容[172]。

原真性体验对住宿品牌的形象构建有积极作用[173],乡村民宿通过保留和构建具有当地特色的环境和服务,能够激发游客关于民宿品牌的内在想象,提供游客对于民宿传统特色和田园牧歌的期待和体验,民宿的品牌得以建立良好的形象。当游客入住的乡村民宿能够很好地传达当地乡村特性,给游客以乡村的原真体验,就

满足了游客对乡村民宿的基本体验需求,其品牌形象是有能力的、实至名归的,与其他民宿相比更具竞争力。因此,提出假设:

H1a:游客的乡村原真体验,能够正向影响乡村民宿的品牌能力形象

与城市地区存在较大差别,乡村地区是自由、平静和接近自然的,大片的乡村开阔土地被农村动植物覆盖,被认为是未受污染、原生态的自然天堂[174],其特点是和谐的、平静的、与世隔绝[175]。乡村民宿通过院落打造、绿化造景、氛围呈现、当地活动体验等,实现了游客对乡村生活环境的期待。游客总是觉得过去更好,或者生活空间之外的地方更好,因此对乡村体验心怀憧憬。游客在民宿的乡村原真体验满足了游客的内在需求[176],游客在回忆起其入住的乡村民宿品牌时,能够形成亲切温馨的品牌温暖形象,因此提出假设:

H1b:游客的乡村原真体验,能够正向影响乡村民宿的品牌温暖形象

(2)独特风格体验与品牌形象

乡村民宿除具有乡村原真性之外,还需要有自身形成的独特风格,因为独特的、非模仿的东西被视为真实[162],如果一家乡村民宿没有其独特风格,它与其他乡村民宿就是同质性的。乡村民宿准确还原当地乡村风味的同时,还需要有自己品牌的独特风格。因为对于乡村民宿而言,真实性是被建构出来的[149],是民宿根据游客期望,利用自身的在地优势和资源,通过自身对当地文化的理解,塑造形成的。

乡村民宿最大的吸引力在于其个性化,为游客提供非标准化的住宿体验[177]。独特性形成了消费者选择一个品牌而不是另一个品牌的原因,品牌通过展示对创新的切实承诺来做到这一点,游客因此认为一个品牌拥有履行其承诺所需的专业技能和知识[59]。拥有独特风格的乡村民宿更令游客满意和惊喜,带给游客以更好的住宿和旅游体验。给游客带来独特风格体验的乡村民宿品牌,其形象鲜明,给游客以能力出众、具有竞争力的形象感知。因此提出假设:

H2a:游客的独特风格体验,能够正向影响乡村民宿的品牌能力形象

独特风格的乡村民宿品牌有其个性,能给游客留下原创、与众不同等印象和记忆。当游客在乡村民宿的体验是独特的,其体验也是深层次的,因为独特的东西更能打动人心,被视为真实[44]。游客对乡村民宿品牌独特风格的感知和体验,拉近了游客与该品牌的关系,因为游客出游往往在寻求独特感,游客会通过地点来寻求新的,而不是已知的、随处可见的体验[178]。同质的东西被视为粗糙的、模仿性的,

第4章 游客真实性体验对乡村民宿品牌资产的影响模型构建

而独特的东西被视为用心的、投入的,当游客对乡村民宿的独特风格有所体验,其也就感受到了该品牌的诚意,相信该品牌会通过优质的民宿经营服务于消费者。因此提出假设:

H2b:游客的独特风格体验,能够正向影响乡村民宿的品牌温暖形象

(3) 真挚服务体验与品牌形象

服务对于乡村民宿游客体验至关重要,乡村民宿服务者的真挚性形成了游客的真挚服务体验,是游客感知的重要一环。在乡村民宿的定义中,民宿主人亲自接待是民宿的重要特征,很多游客入住乡村民宿是为了体验与民宿服务者的互动[149]。随着乡村民宿经营形式的多样化,民宿也开始雇用服务人员。对于乡村民宿而言,具有真挚性的服务体验非常重要,因为游客对乡村民宿有这样的印象与期待[154]。

乡村民宿的服务者通过真挚的态度和行为,使游客获得良好的住宿体验。民宿通过切实的行为实现游客在乡村民宿的住宿需求,使游客宾至如归。当游客体验到服务者所提供的优质服务,往往意味着民宿能够满足消费者需求,即该民宿品牌具有能力形象。因此提出假设:

H3a:游客的真挚服务体验,能够正向影响乡村民宿的品牌能力形象

由于消费者的刻板印象,营利性组织往往被视为缺乏温暖特质[179],因此,对于服务组织而言,一线服务人员的表现就显得十分重要[162]。良好的人员服务往往以真挚、热情、耐心的情感和行为表达,带给企业和品牌温暖的形象。乡村民宿是典型的服务型组织,如果能在一个温暖、有人情关怀的氛围环境下进行接待,提供"家"的氛围,就会最终影响消费者对接待场所的感知[149]。由人而不是设施所提供的服务更加真实,服务者以真诚、友好的态度,通过可靠的行为,及其表达出的对民宿的热爱和投入,形成了游客对乡村民宿的温暖形象感知。因此提出假设:

H3b:游客的真挚服务体验,能够正向影响乡村民宿的品牌温暖形象

(4) 自我关联体验与品牌形象

旅游者的终极目标是寻求自我内心需求,即存在的真实性。存在的真实性分为人内真实和人际真实[154]。人内真实主要指旅游者自我本身的真实,游客通过寻求新奇或超脱体验来追求理想的自我、自我改造、自我探索和自我实现。人际真实涉及旅游者原有社会关系强化和旅游中新的人际关系互动。

真正的品牌往往具有象征意义,当消费者体验到其与品牌在身份、愿景和价值

观上的一致时,品牌带给消费者以真实感。一个真正的品牌有健康的价值,并真正关心它的消费者[53]。游客选择乡村民宿是为了寻求情感和价值共鸣,强有力的品牌能够增添消费者的个人意义并构建他们的自我认同。乡村民宿还提供了一个人们情感交流的空间,与游客在日常生活中的情感疏离不同,那些被认可的民宿往往能够让人们放松下来、敞开心扉,当游客通过与民宿主人的互动、与同伴的情感交流等获得自我内在满足时,就展示了其对客户的承诺,因为游客的体验是由对存在真实性的渴望驱动的。因此提出假设:

H4a:游客的自我关联体验,能够正向影响乡村民宿的品牌能力形象

能够实现游客自我内在需求的乡村民宿品牌,为消费者增加了价值。游客更容易与乡村民宿品牌产生共鸣,民宿与游客建立了有意义的关系,民宿的形象变得更亲切、温馨和温暖,因为品牌是有诚意的、打动人心的,为了实现人们的追求和愿望而存在。因此提出假设:

H4b:游客的自我关联体验,能够正向影响乡村民宿的品牌温暖形象

4.3.2 游客真实性体验与品牌资产的关系假设

在旅游研究领域,过去的许多研究证实了游客真实性体验对旅游地(旅游吸引物)忠诚度的影响[38],真实性体验的相关研究从遗产旅游地逐步拓展到各类旅游营销组织,蔡晓梅等(2013)提出,城市住宿行业内部缺少多元化与地域特色,提供商业化的"微笑服务",因此远离真实性[180]。住宿业需要提升真实性的相关属性,品牌的发展也需要消费者真实性体验[181],旅游品牌借此拉近游客与品牌之间的关系[4]。游客真实性体验与乡村民宿品牌资产之间的关系,具体可分为以下几个方面:

(1)乡村原真体验与品牌资产

城市化发展使居住在现代城市的人们对日复一日的紧张生活感到疲惫和厌倦,受到乡村自然和文化环境的吸引来体验乡村民宿,通过民宿物理环境及相关服务,判断其是否具有乡村旅游地的地道特征。旅游的发展及伴随而来的乡村家庭的商品化,正不断改变乡村旅游地的生活方式,使游客体验到的乡村民宿开始变得"不真实",原本原汁原味的自然与人文特征逐渐变成表演性质的,这无法为游客所接受,因为其过度商业化和非真实[149]。

原真性感知可以直接影响消费行为的忠诚度[154]。游客的乡村原真体验,是游

第4章 游客真实性体验对乡村民宿品牌资产的影响模型构建

客选择乡村民宿的主要动机之一,对乡村民宿而言,如果能够很好地呈现当地的自然环境与人文生活,对游客动机予以回应,则会对游客的重游行为意愿和推荐行为意愿产生积极影响[4]。与其他民宿相比,游客更乐于选择乡村原真体验更好的乡村民宿品牌,就形成了乡村民宿的品牌资产。因此提出假设:

H1c:游客的乡村原真体验,能够正向影响乡村民宿品牌资产

(2) 独特风格体验与品牌资产

独特风格的乡村民宿能够给游客以真实的品牌体验,独特风格提升了品牌属性,通过品牌定位方法将自己与竞争对手区分开来,并通过创意和创新,为品牌创造独特身份[178]。独特风格是发展一个品牌的关键,是被认为与众不同、区别于竞争对手的来源。拥有独特风格的乡村民宿,与其他乡村民宿能够产生明显差异,当游客体验到其独特性,就获得了深层的民宿体验。与其他民宿相比,具有独特风格的民宿更受游客青睐,即使服务相似,游客也更愿意选择独特的那一家。品牌概念的核心在于独特性[5],而与其他竞争者相比的消费者行为差异则形成了品牌资产。游客对乡村民宿独特风格的体验,使游客在相同条件下会更偏好该民宿,提升了该乡村民宿的品牌资产。因此提出假设:

H2c:游客的独特风格体验,能够正向影响乡村民宿品牌资产

(3) 真挚服务体验与品牌资产

乡村民宿不同于城市酒店,城市酒店通常提供的是统一和标准化的服务,因此服务人员往往提供职业性的微笑服务[182];乡村民宿坐落于乡村,民宿主人有机会亲自提供服务,如果选择雇用服务人员,其与游客的接触也相对较多。乡村民宿服务者的真挚,拉近了游客与民宿品牌的关系。情感上的忠诚往往体现了更强的消费者忠诚[32],游客可能因为与乡村民宿者的联系而形成品牌依赖,乡村民宿品牌与其竞争者相比则更具竞争力,即使服务类似,游客也还是更愿意选择该品牌,由此形成该乡村民宿的品牌资产。因此提出假设:

H3c:游客的真挚服务体验,能够正向影响乡村民宿品牌资产

(4) 自我关联体验与品牌资产

研究表明,旅游者原有社会关系可以通过旅游体验强化,如家庭关系中的自然和情感纽带以及真实的亲密关系;旅游中新的人际关系的真实性意味着旅游共同体,人们在社会地位或角色上的差异消失,游客与他人以一种自然、友好和真实的方式相遇、结交朋友[183]。这两种存在真实都是游客的内在自我关联体验。

自我关联是个体和自我之间的认知和情感联系,在这种联系中,将自我与一个品牌相联系,如一个旅游地点;通过将品牌视为自我的一部分,来培养一种更强的情感关系[184]。当消费者参与一个对他们生活很重要的品牌时(工具性基础),以及当消费者将该品牌视为自己的代表时(身份基础),就会培养品牌与自身的联系[185]。游客在乡村民宿的自我关联体验,使游客与品牌紧紧相连,使游客离不开民宿或一再想要体验相同的感受,形成对民宿的品牌偏好及品牌资产。因此提出假设:

H4c:游客的自我关联体验,能够正向影响乡村民宿品牌资产

4.3.3 品牌形象与品牌资产的关系假设

品牌形象通常被定义为消费者对品牌的信念、印象和想法的总和。乡村民宿品牌形象是消费者对与乡村民宿品牌相关的情感感知、想法或象征性态度的综合[159]。认知评价理论认为,个体对事物的评价能够形成其对投射对象的信念。乡村民宿游客真实性体验是游客对乡村民宿品牌服务的真实性属性所产生的感知体验,游客真实性体验有助于对品牌正面形象的形成。品牌形象对消费者反应有较强的影响,消费者对真实性的感知是品牌联想的重要因素,向消费者传递和建立品牌的形象[157]。研究表明,对品牌有正面形象的消费者倾向于对该品牌的产品持有有利的态度[158]。

Berry的服务企业品牌资产模型提出,品牌形象在消费者体验和品牌资产的关系中发挥作用,消费者体验对品牌形象有积极影响,并通过品牌形象形成品牌资产[2]。乡村民宿游客的真实性体验提升了乡村民宿的品牌形象,并通过品牌形象形成民宿品牌资产。乡村民宿的品牌能力形象及品牌温暖形象表明,品牌是乐于服务消费者的,并且有能力实现这种意图,因此游客认为该乡村民宿品牌比其他竞争者更好。

一个品牌的形象基于消费者对品牌各方面的评价,包括温暖和能力属性。Bennett等(2012)认为温暖和能力一样重要,消费者对品牌的判断很大程度上是基于这两个维度,能够促进忠诚、购买意向和推荐的可能性[167]。根据BIRF(能力与意图框架),品牌温暖和能力的行为结果包括购买意图和品牌忠诚[67]、消费者参与和联系[186]、口碑和品牌宣传[187]、积极的品牌态度和意图[55],这些概念与品牌资产紧密相关。

第4章 游客真实性体验对乡村民宿品牌资产的影响模型构建

能力形象多次与品牌资产联系在一起,经验证明,它可以增加品牌信任[188],能力形象与品牌资产之间的联系在于:品牌是否被认为与其他竞争者相比更强。品牌能力代表品牌是称职的,能够满足消费者需求,是消费者对一个品牌的专业性表现的观察,以及品牌履行其义务的能力[189]。当消费者感知到这些时,品牌就会获得能力形象[67]。品牌能力形象在购买意愿方面更有效,当乡村民宿品牌拥有能力形象时,游客会更倾向于选择该品牌。因此提出假设:

H5a:品牌能力形象能够正向影响乡村民宿品牌资产

当消费者认为品牌把消费者最佳利益放在心上时,品牌便值得信赖[179],温暖是品牌宣传的一个更强的驱动因素[187]。品牌忠诚度是品牌温暖感知的一个关键行为结果,忠诚度被广泛认为是导致基于消费者的品牌资产的一个因素[67]。因此乡村民宿的品牌温暖形象能够形成基于消费者的品牌资产。因此提出假设:

H5b:品牌温暖形象能够正向影响乡村民宿品牌资产

4.4 元分析检验与理论模型构建

本研究对游客真实性体验、品牌形象、品牌资产的维度进行了选取,并建立了变量间关系的研究假设。为验证变量间关系假设提出的合理性,利用元分析技术,通过相关变量关系的已有实证研究,对变量间相关关系进行初步检验,进而提出游客真实性体验对乡村民宿品牌资产影响的理论模型。

4.4.1 变量间关系的元分析

4.4.1.1 数据来源

同上一章中的元分析过程类似,首先通过 Web of Science(WOS)、SpringerLink、EBSCO、中国知网(CNKI)、万方、维普、百度学术等数据库对文献进行搜集,将英文检索词设置为"authenticity""brand authenticity""origin""genuine""tradition""unique""sincere""symbolic""brand equity""warmth""ability""competence"等,中文检索词设置为"原真性""本真性""真实性""品牌真实性""服务人员""品牌资产""品牌权益""品牌形象"等,全面搜集"真实性各维度与品牌形象/品牌资产""品牌形象与品牌资产"之间关系的学术文献,并选取存在相关系数的实证研究,最终筛选出 68 篇文献,如表 4-7 所示。

表 4-7 纳入文献相关信息

作者	年份	样本	作者	年份	样本	作者	年份	样本
Bryce 等	2015	768	王逸心	2020	400	张晓东等	2018	209
Teng 等	2020	354	Asuncion 等	2019	738	Yagil 等	2013	184
Ana 等	2018	205	Moulard 等	2016	248	Fang	2018	634
Kim	2020	683	卢秋雅	2020	568	易小力等	2019	281
胡旺盛等	2014	256	Nicola 等	2012	198	石晓岚	2020	194
Yi 等	2016	404	Ivens 等	2015	711	Eggers 等	2013	285
Park 等	2019	535	Sarah	2016	289	Laroche 等	2013	441
Thi Hong	2020	625	Qu 等	2011	1263	张爱琴等	2017	273
Kolar 等	2010	1147	Song 等	2019	586	陈晔等	2014	422
Latiff 等	2019	235	杨楠	2015	436	S H Liao 等	2009	317
陈瑞霞等	2018	509	刘赟	2020	551	杨桂菊等	2015	168
冯淑华等	2007	445	Rampl 等	2012	310	马轶男等	2019	442
Mody 等	2019	1256	Gao 等	2014	225	李欣等	2016	592
Chen 等	2021	470	Wang 等	2009	320	马越斐等	2019	826
Fritz 等	2017	509	沈雪瑞等	2016	483	涂聂等	2019	320
Filieri 等	2018	357	谢俊	2016	2142	张永韬等	2019	564
Portal 等	2018	355	王新新等	2020	285	童利忠等	2014	458
何艳	2018	309	周飞等	2018	200	魏相杰	2017	512
杨海龙等	2018	301	Hu 等	2020	95	李娟等	2021	230
王秀宏等	2017	329	Ishaq 等	2014	821	Bruhn 等	2012	857
徐伟等	2015	406	Yudhya 等	2017	260	Spielmann	2013	711
伍沙	2017	226	左清兰等	2017	293	冯蓬蓬等	2016	169
吴小凤	2017	330	林艳婷	2011	124			

4.4.1.2 分析过程及结果

(1) 确定研究变量

通过文献中变量含义及其量表内容确定相关变量,其中"乡村原真体验"以"游客对乡村民宿室内外空间、氛围、自然风貌、提供活动与当地乡村特色相一致程度的体验"为操作性定义,主要选取客体真实性(objective authenticity)、传统(heritage)、延续性(continuity)等相关变量。

"独特风格体验"以"游客对乡村民宿是否具有独特性的印象,是否具有独有的体验活动与创新性的民宿生活理念的体验"为操作性定义,主要选取独特(uniqueness)、原创(originality)、辨别性(distinctiveness)、个性(personality)等相关变量。

"真挚服务体验"以"游客对乡村民宿服务者态度、服务内在动机、服务可靠性的感知和体验"为操作性定义,主要选取真挚(sincerity)、自然(naturalness)、服务人员(service staff)等相关变量。

"自我关联体验"以"游客对乡村民宿是否能够满足自我价值需求,以及提供人际交流空间的体验"为操作性定义,主要选取存在真实性(existential authenticity)、自我相似性(self-similarity)、消费者导向(customer orientation)等相关变量。

"品牌能力形象"选取体验质量(experience quality)、感知价值(perceived value)、品牌信任(brand trust)、能力(competence/ability)等相关变量。

"品牌温暖形象"选取品牌依恋(brand attachment)、品牌挚爱(brand love)、品牌情感(brand affect)、温暖(warmth)等相关变量。

"品牌资产"选取品牌忠诚(brand loyalty)、品牌行为意向(brand intention)、品牌承诺(brand commitment)、品牌资产(brand equity)等相关变量。

(2) 异质性检验

本研究对异质性检验选用 Q 检验和 I^2 检验,在计算总体效应值时,由于各部分的 P 值<0.1,同时 I^2>50%,各研究的组间方差较大,异质性显著,因此采用随机效应模型进行效应值分析。具体结果如表4-8所示。

表4-8 异质性检验结果汇总表

输出	Test of null (2-Tail) Z值	P值	异质性 Q值	$df(Q)$	P值	I^2	T^2	标准差	方差	T
VAE-BE	7.386	0	1 066.415	25	0.000	97.656	0.092	0.030	0.001	0.303
VAE-BAI	3.655	0	46.388	3	0.000	93.533	0.031	0.028	0.001	0.175
VAE-BWI	3.005	0	792.361	6	0.000	99.243	0.259	0.170	0.029	0.509
USE-BE	3.655	0	153.989	7	0.000	95.454	0.042	0.026	0.001	0.204
USE-BAI	9.446	0	14.482	4	0.006	72.380	0.005	0.005	0.000	0.074
USE-BWI	3.143	0.002	28.526	2	0.000	92.989	0.027	0.029	0.001	0.164
SSE-BE	7.833	0	563.157	15	0.000	96.271	0.056	0.021	0.000	0.237
SSE-BAI	6.375	0	203.235	6	0.000	97.048	0.062	0.045	0.002	0.250
SSE-BWI	3.896	0	348.532	5	0.000	98.565	0.141	0.113	0.013	0375
SCE-BE	7.833	0	563.157	21	0.000	96.271	0.056	0.021	0.000	0.237
SCE-BAI	4.634	0	73.233	6	0.000	91.807	0.027	0.018	0.000	0.166
SCE-BWI	4.202	0	87.387	4	0.000	95.423	0.036	0.029	0.001	0.191
BAI-BE	7.533	0	887.733	19	0.000	97.860	0.081	0.032	0.001	0.285
BWI-BE	6.186	0	1 930.727	18	0.000	99.068	0.183	0.077	0.006	0.428

(3) 效应值分析

将样本的相关系数转化为 Fisher's Z 值后,再转化为最终的相关系数。利用 CMA 2.0 软件对随机效应模型进行分析,具体结果如表4-9所示。

效应值的参考标准如下:当效应值接近0.1时,效应值较小;当效应值接近0.3时,属于中等效应值;当效应值接近0.5时,则效应值较大。依据表4-9,本研究中10对关系的效应值均大于0.25,因此,本研究提出的变量间相关关系均具有较高程度或中等程度的正向相关关系,且所有相关关系均显示显著。

第4章 游客真实性体验对乡村民宿品牌资产的影响模型构建

表4-9 随机效应模型的 meta 分析统计结果

变量关系	总效应值	95%的置信区间上限	区间下限	总样本数	关系总数
VAE-BE	0.418	0.316	0.510	12 044	26
VAE-BAI	0.320	0.153	0.469	202	4
VAE-BWI	0.524	0.199	0.745	3 793	7
USE-BE	0.265	0.125	0.394	4 270	8
USE-BAI	0.355	0.286	0.421	2 484	5
USE-BWI	0.299	0.115	0.462	1 533	3
SSE-BE	0.496	0.300	0.650	7 199	16
SSE-BAI	0.547	0.401	0.666	4 448	7
SSE-BWI	0.539	0.291	0.719	3 845	6
SCE-BE	0.385	0.295	0.468	10 332	22
SCE-BAI	0.295	0.173	0.407	2 926	7
SCE-BWI	0.353	0.194	0.494	3 115	5
BAI-BE	0.452	0.346	0.547	11 649	20
BWI-BE	0.545	0.395	0.667	11 485	19

（4）发表偏误检定

本研究选用 Fail-safe N、Trim and fill 两个统计指标来进行发表偏误检定,结果显示本次研究不存在明显的发表偏误。具体结果如表 4-10 所示。

表4-10 发表偏误检定

Variables	k	Trim and fill test			Fail-safe N
		Observed values	Adjusted values	Studies trimmed	
VAE-BE	26	0.418	0.505	6	5 027
VAE-BAI	4	0.320	0.361	1	241
VAE-BWI	7	0.524	0.524	0	1 880
USE-BE	8	0.265	0.288	1	531
USE-BAI	5	0.355	0.355	0	425
USE-BWI	3	0.298	0.298	0	112
SSE-BE	16	0.500	0.541	3	6 720

续表 4-10

Variables	k	Trim and fill test Observed values	Adjusted values	Studies trimmed	Fail-safe N
SSE-BAI	7	0.547	0.547	0	2 122
SSE-BWI	6	0.539	0.539	0	1 425
SCE-BE	22	0.385	0.397	1	8 813
SCE-BAI	7	0.295	0.295	0	467
SCE-BWI	5	0.353	0.388	1	433
BAI-BE	20	0.452	0.486	2	2 581
BWI-BE	19	0.545	0.565	1	7 838

4.4.2 理论模型

构建游客真实性体验对乡村民宿品牌资产影响的理论模型，如图 4-8 所示。

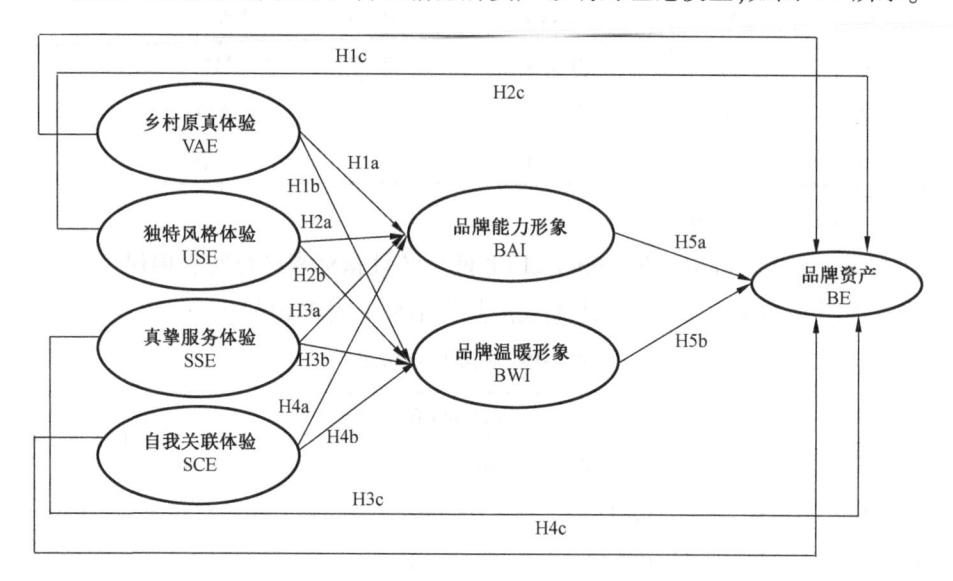

图 4-9 理论模型

通过元分析检验，变量间关系的分析、假设和通过变量维度分析，在游客真实性体验、品牌形象、品牌资产的基本关系下，游客真实性体验可分为"乡村原真体验""独特风格体验""真挚服务体验""自我关联体验"四个维度，乡村民宿品牌形象由"品牌能力形象""品牌温暖形象"两个维度构成，乡村民宿品牌资产则由单一维度构成。变量间关系假设均通过元分析检验。

4.5 本章小结

本章利用文本挖掘、理论分析等方法,选取乡村民宿游客真实性体验、品牌资产、品牌形象的构成维度。首先选取乡村民宿网络游记,进行主题与词频、语义网络、多维尺度分析与编码分析,将游客真实性体验划分为乡村原真体验、独特风格体验、真挚服务体验和自我关联体验四个维度;通过品牌资产的多维度和单维度研究的分析,将品牌资产以其核心定义为基础看作单一维度;通过对品牌形象多类维度划分方式的分析,将品牌形象划分为品牌能力形象、品牌温暖形象两个维度。依据游客真实性体验与乡村民宿品牌资产的基本关系框架,提出变量间关系的相关研究假设,并进行元分析的初步检验,最终构建游客真实性体验对乡村民宿品牌资产影响的理论模型。

第5章 游客真实性体验对乡村民宿品牌资产影响模型的实证检验

在构建了游客真实性体验对乡村民宿品牌资产影响的理论模型后,还需对理论模型进行实证检验,并评估变量间的影响路径系数。本章首先应用问卷调查法对研究中的主要变量进行测量并收集研究数据,然后利用结构方程模型分析法对理论模型进行检验,最终对获得的研究结果进行分析。

5.1 问卷设计与发放

5.1.1 问卷设计过程

对理论模型的验证采用问卷调查法来采集数据,首先需要对问卷进行设计。问卷内容设计为三个部分,分别为人口统计学特征、消费特征及主体内容。人口统计学特征及消费特征主要用于描述样本分布情况、评估问卷收集的质量,以及进行后续的差异性分析。问卷主体内容是问卷设计的关键,包含本研究理论模型中所有变量的调查题项内容。

对乡村民宿游客真实性体验的维度进行测量时,通过对乡村民宿网络游记的编码分析,对游客真实性体验四个维度的操作性定义进行归纳,如表5-1所示。

对调查题项进行设计,也称为量表开发。对本研究中"游客真实性体验"变量的测量,主要依据国内外相关研究中的成熟量表,并根据本研究情境对题项进行调整及补充,以避免因研究对象差异所导致的测量不准确。在量表开发过程中,"乡村原真体验"第1~4题借鉴自Tomaz(2010)的相关研究;"独特风格体验"第1~4题借鉴自Sivan(2018)的相关研究;"真挚服务体验"借鉴自Mody(2019)和Moulard(2014)的相关研究;"自我关联体验"借鉴自Shirdastian(2017)和Lin(2016)的相关研究。此外,依据游客真实性体验各维度的操作性定义,以及文本分析过程获得的文本内容,对部分维度进行题项补充。如在对"乡村原真体验"进行测量时,增

第 5 章　游客真实性体验对乡村民宿品牌资产影响模型的实证检验

加当地特色体验活动、自然风貌的相关题项;在对"独特风格体验"进行测量时,除对乡村民宿独特感的整体印象外,还增加了独特体验、独特理念的测量题项;在对"真挚服务体验"进行测量时,除服务者态度、服务者用心投入外,还增加了服务者可靠性的相关题项。

表 5-1　游客真实性体验各维度的操作性定义

维度	操作性定义
乡村原真体验	游客对乡村民宿室内外空间、氛围、自然风貌、提供活动与当地乡村特色相一致程度的体验
独特风格体验	游客对乡村民宿是否具有独特性的印象,是否具有独有的体验活动与创新性的民宿生活理念的体验
真挚服务体验	游客对乡村民宿服务者态度、服务内在动机、服务可靠性的感知和体验
自我关联体验	游客对乡村民宿是否能够满足自我价值需求,以及提供人际交流空间的体验

不同学者对品牌资产有着不同的看法和评估方式,在实际研究中,可以根据具体行业、产品或服务的特点来选择不同的定义及评估方法。乡村民宿是典型的服务型组织,乡村民宿的品牌资产主要表现为基于游客心智的品牌资产,即游客通过品牌认知对民宿品牌与其竞争者相比的差异化反应,能够为民宿带来价值。主要表现为在相同的条件下,游客在认知、情感、行为意向、行为等方面对某一民宿品牌的倾向性。从品牌资产的概念以及乡村民宿发展品牌的特点来看,可以从以下几个方面来理解乡村民宿品牌资产:

(1) 是一种差异性的消费者态度

乡村民宿的同质性是导致民宿间竞争激烈的主要原因,乡村民宿在建立品牌时,最能够体验品牌建设成果的首先是消费者对于品牌的识别性,即相对于其他民宿,该品牌在游客心中是存在差别的。

(2) 体现了游客的重游意愿

品牌资产包括消费者对品牌所表现出的在行为方面的倾向,游客的品牌重游行为是乡村民宿品牌资产的重要内容,因为行为往往是难以测量的,对行为的测量往往通过行为意向来进行测度,与其他民宿相比,具有品牌资产的乡村民宿其游客重游意愿往往更强。

(3) 包含游客的口碑行为意愿

品牌资产通过品牌为组织带来价值,基于消费者心智的品牌资产是一种无形资产,除消费者重游意愿外,消费者的品牌口碑行为也是乡村民宿品牌资产的重要内容。消费者获知乡村民宿品牌,主要通过两条途径,一条是现实中亲友等对民宿品牌的推荐,另一条是网络信息途径,这两种途径都通过品牌口碑产生作用。游客对民宿品牌的口碑行为意愿,体现了游客对品牌的偏好态度,并且能够为品牌积累无形资产。

"品牌资产"根据本研究对乡村民宿品牌资产的特征分析,主要以与竞争者相比较的消费者品牌偏好、购买意愿及推荐意愿作为测量内容,借鉴自Kao(2016)和李江敏(2011)的相关研究。"品牌能力形象"及"品牌温暖形象"的相关题项借鉴自Sivan(2018)所开发的量表,并进行了适当修改。

本研究在借鉴国外量表时,首先将其译成中文,并通过一名英语笔译专业的研究者回译成英文,将其与英文原文进行比对、修正,防止语义发生变化,从而形成初步描述;在借鉴国内学者创建的量表时,则将原文视为初步描述。进一步根据所有问项的初步描述,对题项进行语义修改,使其符合乡村民宿游客体验的语境,并应用填答者方便理解的语句进行表述。为使问卷更加合理有效,向三位旅游专业的专家老师征求意见后,通过修改语句、增减题项等,最终形成三位专家认为较合理、覆盖较全面的初始问卷。

5.1.2 问卷内容

问卷的内容共分为三个部分。第一部分为填答者的人口统计学特征,包括性别、年龄、月收入及受教育程度。

第二部分为填答者的乡村民宿品牌消费特征,包括民宿规模、消费经验、停留时间、车程距离、同行人员、民宿品牌特征、民宿了解途径。

第三部分为问卷的主体部分,即问卷设计的主要内容。本研究采用Likert 7点量表的形式对研究的主要变量各题项进行测量,要求填答者按照1~7分分别对应"非常不同意、比较不同意、稍微不同意、中立、稍微同意、比较同意、非常同意"对题项进行打分。

问卷第一部分和第二部分的内容,可参见附录。问卷主体部分的内容如表5-2所示。

第5章 游客真实性体验对乡村民宿品牌资产影响模型的实证检验

表5-2 问卷主体部分

名称	题项表述	来源
乡村原真体验	VAE1：此民宿的整体建筑和氛围具有当地特色 VAE2：此民宿的室内设计和家具陈设体现了当地风味 VAE3：此民宿景致与周边自然风光融为一体 VAE4：此民宿注重保护当地自然风貌	Tomaz(2010)； 文本分析所得
乡村原真体验	VAE5：此民宿内的图文/声音/气味等信息，能够展现当地乡村特质 VAE6：此民宿有当地的生活与农业体验项目 VAE7：此民宿供应的餐饮，其食材与烹饪方式依据当地传统	Tomaz(2010)； 文本分析所得
独特风格体验	USE1：此民宿与其他民宿有明显区别 USE2：此民宿在众多民宿中显得突出 USE3：我认为此民宿是与众不同的 USE4：此民宿给人以原创的印象 USE5：此民宿提供的体验是独特的 USE6：民宿表达出了特别的生活理念	Sivan(2018)； 文本分析所得
真挚服务体验	SSE1：民宿服务者是真诚的 SSE2：民宿服务者是亲切的 SSE3：民宿服务者是真实的 SSE4：民宿服务者是自然的 SSE5：民宿服务者喜欢经营民宿 SSE6：民宿服务者对民宿用心投入 SSE7：民宿服务者对民宿有深厚的热爱 SSE8：民宿服务者是胜任的 SSE9：民宿服务者乐于帮助消费者 SSE10：我感到可以信任和依赖民宿服务者	Mody(2019)； Moulard(2014)； 文本分析所得

续表 5-2

名称	题项表述	来源
自我关联体验	SCE1：此民宿能够为我的生活增添意义 SCE2：此民宿反映了我关心的重要价值 SCE3：此民宿将我与真实自我联系起来 SCE4：此民宿令我与内心寻求的相联结 SCE5：此民宿与我的身份和形象相符合 SCE6：此民宿提供我预期的服务和体验 SCE7：此民宿提供住客之间互动交流的空间 SCE8：此民宿增进了人们的情感交流	Shirdastian(2017)； Yi(2016)
品牌能力形象	BAI1：此民宿在其领域具有竞争力 BAI2：此民宿有能力实现对消费者的承诺 BAI3：此民宿实现其目标做法是熟练有效的 BAI4：此民宿在市场上是名副其实的 BAI5：此民宿的服务流程是有效率的	Sivan(2018)
品牌温暖形象	BWI1：此民宿具有和善的态度 BWI2：此民宿透过服务展现出慷慨的一面 BWI3：此民宿以消费者的最佳利益为行事依据 BWI4：此民宿令人感到温馨	Sivan(2018)
品牌资产	BE1：选择这家民宿是明智的，即使其他家跟它差不多 BE2：就算其他民宿有类似的服务特质，我也还是会选择这家 BE3：如果其他民宿和这家一样好，我还是偏好这一家 BE4：即使另一家民宿和这家没什么不同，去这家民宿也是更好的选择 BE5：与其他民宿相比，我会向他人推荐这家民宿 BE6：与其他民宿相比，我更愿意在网络上分享在这家民宿的美好经验	Kao(2016)； 李江敏(2011)

5.1.3 问卷的预测试

初始问卷形成后，为确保问卷的有效性，进行小范围问卷发放，进行问卷的预测试。2021 年 2 月 25—28 日，通过微信、QQ 中的旅游群，以及旅行社工作人员，针对旅游者群体进行问卷发放，筛选有过乡村民宿品牌体验的消费者问卷。

第5章 游客真实性体验对乡村民宿品牌资产影响模型的实证检验

共发放问卷85份,回收有效问卷71份,有效问卷所占比例为83.53%。

首先对问卷的信度进行检验,信度检验又叫作可靠性分析,是对所使用的量表可信程度的检验。信度指测量结果的一致性或稳定性,通常用Cronbach'α系数来表示,当其值高于0.8时,说明信度较高。本研究采用SPSS18.0软件进行信度检验,各潜变量的Cronbach'α系数分别为0.915、0.957、0.958、0.957、0.949、0.951、0.95,均大于0.9,说明各变量的计量比较可靠,信度较高,能够满足研究需要。

其次进行问卷的效度检验,效度检验是对所使用的量表能够有效测量出所研究变量内容的程度高低的检验。本研究应用KMO和Bartlett检验,对变量进行探索性因子分析,结果每个变量均显示为单因子,KMO值分别为0.747、0.809、0.861、0.867、0.873、0.836、0.775,均大于0.7,因此,研究量表的收敛效度得到了验证。

5.1.4 问卷正式发放与回收

本次调研将京津冀地区作为典型案例地,以游客对京津冀地区乡村民宿品牌的体验为调查内容。乡村民宿与旅游地丰富、独特的旅游资源密切相关,通常集中分布于热门旅游目的地。《中国旅游民宿发展报告(2019)》指出,我国民宿主要分布在华北、华东地区,空间上主要聚集在环渤海、长三角、珠三角、川渝经济区及云南地区;民宿不仅在地域分布上呈现一定规律,并且在全国范围内集聚形成了几个主要的民宿群,京津冀区域以全国政治文化中心及人口聚集地——北京为中心,包括以山海关、老龙头等知名景区为依托的秦皇岛市等旅游城市,旅游资源具有特色,不仅本区域居民对周边乡村民宿的需求较旺盛,且具备较强的异地游客吸引力,是民宿群聚集地之一。并且在文化和旅游部、国家发展改革委发布的三批全国乡村旅游重点村(镇、乡)中,京津冀地区共有85个乡村入选,该区域的乡村旅游资源丰富,具备乡村民宿品牌发展的有利条件。

问卷发放共分为两种途径,第一种途径通过选取京津冀地区的乡村民宿品牌,由品牌经营者向游客进行发放,通过"Airbnb""途家民宿"等平台,与乡村民宿品牌经营者取得联系并进行沟通,请其发放给体验过的游客进行填答,依据CIS品牌识别方法,与包括民宿行业相关专家、旅游专业学者在内的3名专家共同讨论筛选,共选择了32家乡村民宿品牌进行调研,回收有效问卷254份;第二种途径通过委托专门的问卷调查网站"问卷星",利用其样本调查服务,选取有京津冀地区乡村民宿品牌体验的消费者进行填答,共回收有效问卷 200 份。应用多种方式进行问卷发放的原因,在于防止单一方式发放所造成的填答人群限制。

在问卷的第一页承诺本次问卷调查采取不记名作答,所答问卷由学术研究者直接收取,民宿品牌则无法查看。强调问卷调查仅供学术研究之用,具体填答信息不会对任何人或任何机构以任何方式进行公开,以提高被调查者答题的真实性和积极性。对于有效样本的筛选,在网络问卷中要求填答者填写其所描述的京津冀地区乡村民宿品牌的名称,剔除掉品牌名称不完整、不清晰的调查样本,并通过设计反向题对无效样本进行识别。问卷发放自 2021 年 4 月 26 日开始,5 月 28 日结束,共发放问卷 508 份,回收有效问卷 454 份,有效卷比率为 89.37%。

对两种途径回收的问卷进行回答偏差检验,结果如表 5-3 所示,大部分 P 值>0.05,说明回答偏差不显著。

表 5-3 回答偏差检验

变量	第一组 Mean	S.D	第二组 Mean	S.D	独立样本 T 检验 T 统计量	P 值
VAE	29.55	0.633	29.04	0.611	0.576	0.2
USE	25.13	0.556	23.66	0.559	1.867	0.87
SSE	42.67	0.91	41.41	0.864	1.004	0.162
SCE	34.68	0.751	32.5	0.757	2.04	0.769
BAI	22	0.472	20.28	0.47	2.593	0.737
BWI	17.28	0.391	16.85	0.387	0.785	0.815
BE	24.79	0.517	24.35	0.519	0.608	0.907

5.2 描述性统计与信效度分析

5.2.1 描述性统计

本次调查的游客人口统计学特征结果,如表 5-4 所示。

第5章 游客真实性体验对乡村民宿品牌资产影响模型的实证检验

表5-4 样本的人口统计学特征

名称	选项	频数	百分比/%
性别	男	221	48.68
	女	233	51.32
年龄	24岁及以下	48	10.64
	25~34岁	97	21.51
	35~44岁	144	31.93
	45~54岁	117	25.94
	55~64岁	59	13.00
	65岁及以上	19	4.19
收入	1 000元及以下	15	3.30
	1 001~2 000元	56	12.33
	2 001~4 000元	102	22.47
	4 001~6 000元	104	22.91
	6 001~8 000元	84	18.50
	8 000元以上	93	20.48
学历	初中及以下	40	8.81
	高中(中专、技校)	82	18.06
	专科	96	21.15
	本科	131	28.85
	硕士及以上	105	23.13

其中,男性占比48.68%,女性占比51.32%,不同性别填答者在人数上相差不大;年龄在25~34岁、35~44岁、45~54岁的填答者相对较多,占比分别为21.51%、31.93%、25.94%;月收入水平在2 001~4 000元的游客占比22.47%,4 001~6 000元的游客占比22.91%,6 000元以上的游客占比均达到38.98%,民宿游客群体收入水平较好;填答者学历层次偏高,"本科"人数最多,占比28.85%,高学历水平游客对乡村民宿体验较为青睐。调查结果基本符合乡村民宿游客特征。

本次调查还对样本的消费特征进行了统计,如表5-5所示。

表 5-5 样本的消费特征

单选	选项	频数	占比/%	多选	选项	频数	占比/%
民宿规模	7 间客房及以下	108	23.79	同行情况	独自前行	15	3.3
	8~14 间客房	125	27.53		家人	267	58.81
	15~21 间客房	131	28.85		亲戚	71	15.64
	22 间客房及以上	90	19.82		朋友	183	40.31
车程距离	2.5 小时以内	152	33.48		伴侣	131	28.85
	2.5~5 小时	160	35.24		同学或同事	80	17.62
	5~7.5 小时	70	15.42	品牌特征	名称	211	46.68
	7.5 小时及以上	72	15.86		字体形象	123	27.09
停留时间	不足一天,且未过夜	28	6.17		色彩	110	24.23
	不足一天,且过夜	179	39.43		整体设计	223	49.12
	1~3 天	219	48.24		图标	92	20.26
	3 天以上	28	6.17		招牌形状与材质	109	24.01
消费经验	1 次	174	38.33		无	29	6.39
	2~5 次	198	43.61	了解途径	亲友推荐	284	62.56
	6~9 次	60	13.22		网络搜寻	199	43.83
	10 次及以上	22	4.84		媒体传播	90	19.82
					名人效应	12	2.64

其中民宿规模、消费经验、停留时间、车程距离等是对填答者在乡村民宿品牌体验特征的基本描述;而从同行情况来看,家庭同游方式最受到游客的喜爱,游客普遍对体验的乡村民宿品牌特征印象较清晰,"亲友推荐"和"网络搜寻"是游客获知乡村民宿品牌的主要途径。

5.2.2 信效度检验

5.2.2.1 信度检验

本研究利用 SPSS 软件对问卷进行信度检验,具体结果如表 5-6 所示。

第 5 章　游客真实性体验对乡村民宿品牌资产影响模型的实证检验

表 5-6　信度检验结果

潜变量	显变量	校正项总计相关性 CITC	项已删除的 α 系数	标准化 α 系数
游客真实性体验	VAE1	0.858	0.880	0.909
	VAE2	0.714	0.897	
	VAE3	0.716	0.897	
	VAE4	0.703	0.898	
	VAE5	0.692	0.899	
	VAE6	0.715	0.897	
	VAE7	0.692	0.899	
独特风格体验	USE1	0.694	0.895	0.905
	USE2	0.715	0.892	
	USE3	0.871	0.868	
	USE4	0.728	0.890	
	USE5	0.729	0.890	
	USE6	0.715	0.892	
真挚服务体验	SSE1	0.733	0.933	0.938
	SSE2	0.866	0.926	
	SSE3	0.746	0.932	
	SSE4	0.734	0.933	
	SSE5	0.718	0.934	
	SSE6	0.769	0.931	
	SSE7	0.766	0.931	
	SSE8	0.732	0.933	
	SSE9	0.719	0.934	
	SSE10	0.725	0.933	
自我关联体验	SCE1	0.757	0.920	0.93
	SCE2	0.738	0.922	
	SCE3	0.843	0.914	

续表 5-6

潜变量	显变量	校正项总计相关性 CITC	项已删除的 α 系数	标准化 α 系数
	SCE4	0.761	0.920	
	SCE5	0.720	0.923	
	SCE6	0.735	0.922	
	SCE7	0.774	0.919	
	SCE8	0.734	0.922	
品牌能力形象	BAI1	0.725	0.869	0.891
	BAI2	0.711	0.872	
	BAI3	0.696	0.875	
	BAI4	0.848	0.840	
	BAI5	0.700	0.875	
品牌温暖形象	BWI1	0.683	0.838	0.864
	BWI2	0.692	0.835	
	BWI3	0.710	0.827	
	BWI4	0.779	0.800	
品牌资产	BE1	0.685	0.872	0.889
	BE2	0.702	0.870	
	BE3	0.854	0.844	
	BE4	0.645	0.879	
	BE5	0.670	0.875	
	BE6	0.692	0.871	

采用 Cronbach's α 系数来测试信度,若系数<0.7,说明测量变量的多个题项一致性较差,需要对其进行修改;若系数≥0.7,说明测量变量的多个题项一致性较好。数据结果显示,各潜变量整体信度及题项信度都大于 0.8,本次调查结果的信度较好。

5.2.2.2 效度检验

效度指标用以检验测量结果接近所要测量变量内涵的程度,研究采用验证性因子分析(CFA)对量表的结构效度进行检验,合成效度的检验结果如表 5-7 所示。

第 5 章 游客真实性体验对乡村民宿品牌资产影响模型的实证检验

表 5-7 合成效度检验结果

潜变量	显变量	因素负荷量	AVE	CR
游客真实性体验	VAE1	0.905	0.593	0.91
	VAE2	0.748		
	VAE3	0.748		
	VAE4	0.745		
	VAE5	0.737		
	VAE6	0.765		
	VAE7	0.726		
独特风格体验	USE1	0.737	0.622	0.908
	USE2	0.758		
	USE3	0.921		
	USE4	0.774		
	USE5	0.77		
	USE6	0.759		
真挚服务体验	SSE1	0.759	0.606	0.939
	SSE2	0.895		
	SSE3	0.771		
	SSE4	0.762		
	SSE5	0.744		
	SSE6	0.795		
	SSE7	0.794		
	SSE8	0.76		
	SSE9	0.745		
	SSE10	0.75		
自我关联体验	SCE1	0.785	0.625	0.93
	SCE2	0.771		

续表 5-7

潜变量	显变量	因素负荷量	AVE	CR
	SCE3	0.875		
	SCE4	0.794		
	SCE5	0.754		
	SCE6	0.768		
	SCE7	0.810		
	SCE8	0.761		
品牌能力形象	BAI1	0.783	0.63	0.895
	BAI2	0.764		
	BAI3	0.763		
	BAI4	0.89		
	BAI5	0.761		
品牌温暖形象	BWI1	0.759	0.62	0.867
	BWI2	0.759		
	BWI3	0.788		
	BWI4	0.84		
品牌资产	BE1	0.737	0.582	0.893
	BE2	0.757		
	BE3	0.891		
	BE4	0.695		
	BE5	0.728		
	BE6	0.755		

通过组合效度(CR)、平均方差抽取量(AVE)等指标对量表的合成效度、区别效度水平进行分析。效度检验结果显示,各测量变量的因素负荷量均大于0.6,因此测量变量均可以很好地反映潜变量;各潜变量的组合效度CR均大于0.6,平均方差抽取量AVE值均大于0.5,说明各潜变量的组成均有较好的解释力。

根据区别效度表可知,各潜变量的AVE值均大于潜变量之间的相关系数的平方,说明潜变量之间的区分度较高,结果如表5-8所示。

表5-8 区别效度

	VAE	USE	SSE	SCE	BAI	BWI	BE
VAE	0.770						
USE	0.386	0.789					
SSE	0.419	0.441	0.779				
SCE	0.371	0.471	0.518	0.791			
BAI	0.464	0.504	0.557	0.661	0.794		
BWI	0.420	0.456	0.564	0.636	0.501	0.787	
BE	0.414	0.519	0.543	0.693	0.636	0.656	0.763

5.3 结构方程模型检验

5.3.1 结构方程模型建立

结构方程模型由结构模型和测量模型构成。结构模型由潜变量组成,测量模型由潜变量和观察变量构成。结构模型的方程式如下所示:

$$\eta = B\eta + \Gamma\xi + \varsigma \tag{5-1}$$

其中,η、ξ 分别为内生隐变量和外生隐变量,B 和 Γ 为系数矩阵,ς 表示误差项系。依据理论模型,建立结构模型的回归方程式如下:

$$\begin{aligned}
\eta_1 &= \tau_{11}\xi_1 + \tau_{21}\xi_2 + \tau_{31}\xi_3 + \tau_{41}\xi_4 + \varsigma_1 \\
\eta_2 &= \tau_{12}\xi_1 + \tau_{22}\xi_2 + \tau_{32}\xi_3 + \tau_{42}\xi_4 + \varsigma_2 \\
\eta_3 &= \tau_{13}\xi_1 + \tau_{23}\xi_2 + \tau_{33}\xi_3 + \tau_{43}\xi_4 + \beta_1\eta_1 + \beta_2\eta_2 + \varsigma_2
\end{aligned} \tag{5-2}$$

测量模型方程式的写法如下所示:

$$y = \Lambda_y \eta + \varepsilon \tag{5-3}$$

$$x = \Lambda_x \xi + \delta \tag{5-4}$$

式(5-3)、(5-4)分别为内生、外生变量方程。其中,y 是内生显变量,x 是外生显变量,η 是内生隐变量,ξ 是外生隐变量,Λ_y 和 Λ_x 表示系数矩阵,ε 和 δ 是测量误差,建立测量模型的方程式如下所示:

$$\begin{aligned}
x_1 &= \Lambda_{x1}\xi_1 + \delta_1 \\
x_2 &= \Lambda_{x2}\xi_2 + \delta_2 \\
x_3 &= \Lambda_{x3}\xi_3 + \delta_3 \\
x_4 &= \Lambda_{x4}\xi_4 + \delta_4
\end{aligned}$$

$$y_1 = \Lambda_{y1}\eta_1 + \varepsilon_1$$
$$y_2 = \Lambda_{y2}\eta_2 + \varepsilon_2$$
$$y_3 = \Lambda_{y3}\eta_3 + \varepsilon_3 \tag{5-5}$$

最终建立结构方程模型,如图 5-1 所示。

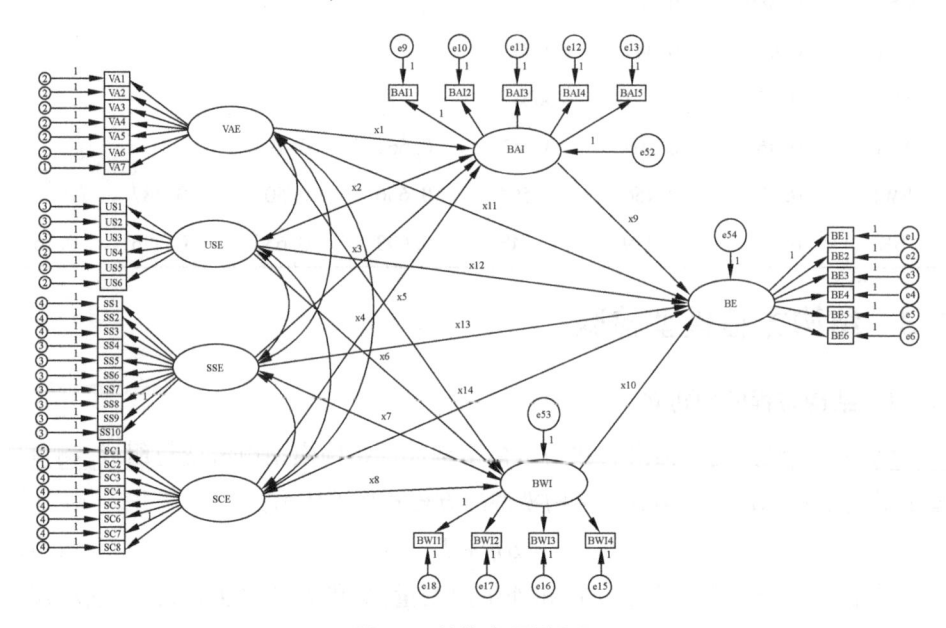

图 5-1　结构方程模型图

5.3.2　模型拟合度检验

模型拟合度指标用来对结构模型进行分析,评价假设的路径分析模型与搜集来的数据是否适配。本研究利用 Amos 软件进行运算,通过 CMIN/DF、NFI、IFI、TLI、CFI、GFI、RMSEA 等模型适配度指标判断结构方程模型的拟合度,*df* 为模型的自由度。GF1 为适配度指数,值介于 0~1 间,数值越接近于 1 则模型的适配度越佳。GFI 的计算公式为:

$$GFI = 1 - \frac{tr\left[\sum^{-1}(S-\sum)\right]^2}{tr\left(\sum^{-1}S\right)^2} \tag{5-6}$$

RMSEA 为渐进残差均方和平方根,其中 F_0 是总体差异性函数值。RMSEA 通常被视为最重要的适配度指标,其计算公式如下:

$$总体\ RMSEA = \sqrt{\frac{F_0}{df}} = \sqrt{\max\left(\frac{F_{ML}}{df} - \frac{1}{N-1}, 0\right)} \tag{5-7}$$

第5章 游客真实性体验对乡村民宿品牌资产影响模型的实证检验

$$估计的\ RMSEA = \sqrt{\frac{\hat{F}_0}{df}} \tag{5-8}$$

NFI 是规准适配指数，TLI 是非规准适配指数，计算公式分别如下所示：

$$NFI = \frac{\chi^2_{null} - \chi^2_{test}}{\chi^2_{null}} \tag{5-9}$$

$$TLI = \frac{\dfrac{\chi^2_{null}}{df_{null}} - \dfrac{\chi^2_{test}}{df_{test}}}{\dfrac{\chi^2_{null}}{df_{null}} - 1} \tag{5-10}$$

其他指标还有 IFI 增值适配指数和 CFI 比较适配指数，大多介于 0~1 之间。结果显示，各项指标均符合模型评价指标适配度值，因此模型的拟合度较好，对于变量之间关系的解释力度较高，如表 5-9 所示。

表 5-9 结构方程模型拟合度检验

CMIN	df	CMIN/DF	NFI	IFI	TLI	CFI	GFI	RMSEA
1 260.942	969	1.301	0.915	0.979	0.977	0.979	0.897	0.026
建议值		<3	>0.9	>0.9	>0.9	>0.9	>0.8	<0.08

5.3.3 假设检验

5.3.3.1 直接效应检验

乡村民宿品牌资产驱动模型中，关于直接效应的假设共 14 条，通过 Amos 软件进行实证检验，数据结果显示，有 2 条假设（H1c、H3c）因没有达到显著性水平而被拒绝，其余的 12 个假设都被研究数据所支持。检验结果如表 5-10 所示。

结果显示，VAE 对于 BAI 产生显著影响（$P<0.05$），标准化路径系数值为 0.164，意味着 VAE 会对 BAI 产生正向影响关系，支持路径 H1a；VAE 对于 BWI 产生显著影响（$P<0.05$），标准化路径系数值为 0.120，意味着 VAE 会对 BWI 产生正向影响关系，支持路径 H1b；VAE 对于 BE 不存在显著影响（$P>0.05$），不支持路径 H1c。

USE 对于 BAI 产生显著影响（$P<0.05$），标准化路径系数值为 0.152，意味着 UES 会对 BAI 产生正向影响关系，支持路径 H2a；USE 对于 BWI 产生显著影响（$P<0.05$），标准化路径系数值为 0.105，意味着 USE 会对 BWI 产生正向影响关系，支持路径 H2b；USE 对于 BE 产生显著影响（$P<0.05$），标准化路径系数值为 0.120，

意味着 BWI 会对 BE 产生正向影响关系,支持路径 H2c。

SSE 对于 BAI 产生显著影响($P<0.05$),标准化路径系数值为 0.202,意味着 SS 会对 BAI 产生正向影响关系,支持路径 H3a;SS 对于 BWI 产生显著影响($P<0.05$),标准化路径系数值为 0.255,意味着 SS 会对 BWI 产生正向影响关系,支持路径 H3b;

SS 对于 BE 不存在显著影响($P>0.05$),不支持路径 H3c。

SC 对于 BAI 产生显著影响($P<0.05$),标准化路径系数值为 0.423,意味着 SC 会对 BAI 产生正向影响关系,支持路径 H4a;SC 对于 BWI 产生显著影响($P<0.05$),标准化路径系数值为 0.423,意味着 SC 会对 BWI 产生正向影响关系,支持路径 H4b;SC 对于 BE 产生显著影响($P<0.05$),标准化路径系数值为 0.289,意味着 BWI 会对 BE 产生正向影响关系,支持路径 H4c。

BAI 对于 BE 产生显著影响($P<0.05$),标准化路径系数值为 0.199,意味着 BWI 会对 BE 产生正向影响关系,支持路径 H5a;BWI 对于 BE 产生显著影响($P<0.05$),标准化路径系数值为 0.268,意味着 BWI 会对 BE 产生正向影响关系,支持路径 H5b。

表 5-10 直接效应的假设检验

假设	变量关系	标准化回归系数	标准误	T 值	P 值	检验结果
H1a	BAI←VAE	0.164	0.05	3.691	—	支持
H1b	BWI←VAE	0.120	0.052	2.559	0.011	支持
H1c	BE←VAE	0.028	0.043	0.66	0.509	不支持
H2a	BAI←USE	0.152	0.049	3.275	0.001	支持
H2b	BWI←USE	0.105	0.05	2.131	0.033	支持
H2c	BE←USE	0.120	0.041	2.691	0.007	支持
H3a	BAI←SSE	0.202	0.052	4.169	—	支持
H3b	BWI←SSE	0.255	0.054	4.868	—	支持
H3c	BE←SSE	0.066	0.045	1.378	0.168	不支持
H4a	BAI←SCE	0.423	0.051	8.064	—	支持
H4b	BWI←SCE	0.409	0.052	7.354	—	支持
H4c	BE←SCE	0.289	0.051	4.902	—	支持
H5a	BE←BAI	0.199	0.05	3.487	—	支持
H5b	BE←BWI	0.268	0.052	4.682	—	支持

5.3.3.2 中介效应检验

在乡村民宿品牌资产驱动模型中,8个中介效应均通过实证检验,说明"游客真实性体验"各维度都能够通过"品牌能力形象""品牌温暖形象"影响"品牌资产",具体结果如表5-11所示。

从表中可以看出,在"VAE→BAI→BE"路径中,基于BAI的中介效应的偏差校正值 CI 为[0.010,0.069],区间不包含0,显著性 P 值小于0.05,即路径的间接效应显著,存在中介效应;在"VAE→BWI→BE"路径中,基于BWI的中介效应的偏差校正值 CI 为[0.007,0.070],区间不包含0,显著性 P 值小于0.05,即路径的间接效应显著,存在中介效应。

在"USE→BAI→BE"路径中,基于BAI的中介效应的偏差校正值 CI 为[0.008,0.065],区间不包含0,显著性 P 值小于0.05,即路径的间接效应显著,存在中介效应;在"USE→BWI→BE"路径中,基于BWI的中介效应的偏差校正值 CI 为[0.002,0.059],区间不包含0,显著性 P 值小于0.05,即路径的间接效应显著,存在中介效应。

在"SSE→BAI→BE"路径中,基于BAI的中介效应的偏差校正值 CI 为[0.013,0.083],区间不包含0,P 值小于0.05,即路径的间接效应显著,存在中介效应;在"SSE→BWI→BE"路径中,基于BWI的中介效应的偏差校正值 CI 为[0.017,0.091],区间不包含0,P 值小于0.05,即路径的间接效应显著,存在中介效应。

在"SCE→BAI→BE"路径中,基于BAI的中介效应的偏差校正值 CI 为[0.026,0.129],区间不包含0,P 值小于0.05,即路径的间接效应显著,存在中介效应;在"SCE→BWI→BE"路径中,基于BWI的中介效应的偏差校正值 CI 为[0.053,0.156],区间不包含0,P 值小于0.05,即路径的间接效应显著,存在中介效应。

表5-11 Bootstrap中介效应检验

路径	效应值	SE	Bias-corrected 95%CI Lower	Upper	P	Percentile 95%CI Lower	Upper	P
VAE→BAI→BE	0.033	0.014	0.010	0.069	0.002	0.009	0.065	0.003
VAE→BWI→BE	0.032	0.016	0.007	0.070	0.012	0.005	0.067	0.019
USE→BAI→BE	0.028	0.014	0.008	0.065	0.003	0.006	0.062	0.005

续表 5-11

路径	效应值	SE	Bias-corrected 95%CI Lower	Upper	P	Percentile 95%CI Lower	Upper	P
USE→BWI→BE	0.026	0.015	0.002	0.059	0.035	0.000 4	0.057	0.045
SSE→BAI→BE	0.038	0.017	0.013	0.083	0.001	0.010	0.077	0.003
SSE→BWI→BE	0.046	0.019	0.017	0.091	0.002	0.015	0.087	0.003
SCE→BAI→BE	0.073	0.026	0.026	0.129	0.002	0.025	0.128	0.003
SCE→BWI→BE	0.095	0.025	0.053	0.156	0.000	0.05	0.151	0.000

5.3.4 修正模型

依据检验结果对模型进行修正，如图 5-2 所示。

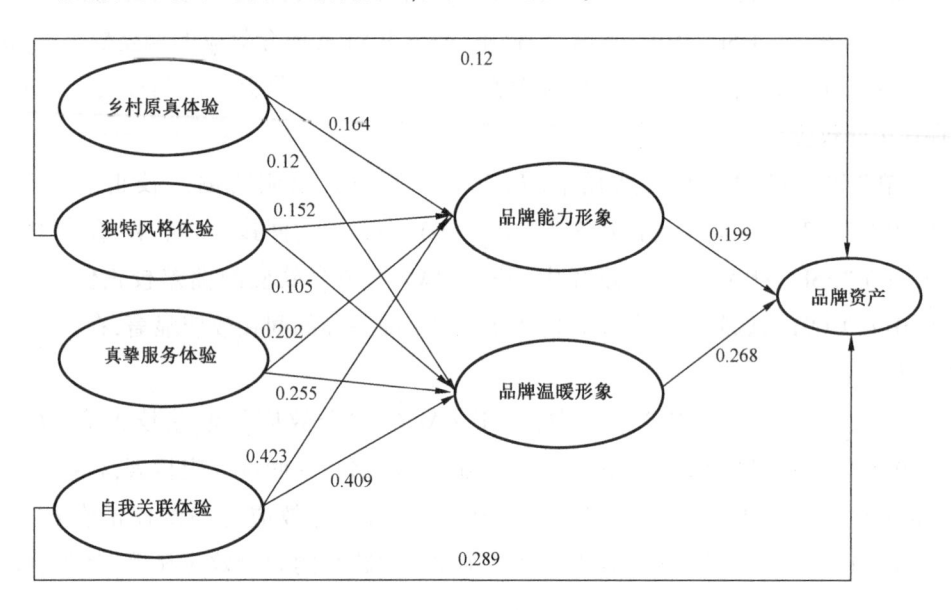

图 5-2 修正后的模型图

通过结构方程模型的实证检验，研究构建的"游客真实性体验对乡村民宿品牌资产影响路径模型"中，14 条假设中共有 2 条未通过检验，说明大部分假设均符合数据结果。

5.4 影响路径分析

研究结果证实，游客真实性体验对乡村民宿品牌资产具有显著影响，并存在着多条影响路径。本研究主要将其分为"真实性体验—品牌资产"的直接影响路径，

第5章 游客真实性体验对乡村民宿品牌资产影响模型的实证检验

"真实性体验—品牌形象—品牌资产"的间接影响路径。

5.4.1 "真实性体验—品牌资产"的影响路径

本研究共假设了游客真实性体验对乡村民宿品牌资产的4条直接影响路径，结构方程模型的检验结果如表5-12所示。

表5-12 直接影响路径结果

变量关系	标准化回归系数	P值	检验结果
BE←VAE	0.028	0.509	不支持
BE←USE	0.120	0.007	支持
BE←SSE	0.066	0.168	不支持
BE←SCE	0.289	—	支持

结果显示，游客真实性体验对乡村民宿品牌资产存在两条直接的影响路径，游客对乡村民宿品牌的独特风格体验、自我关联体验能够直接影响民宿品牌资产。乡村民宿品牌资产是由品牌带来的无形资产，在消费者心智中产生对品牌与其竞争者相比的差异化偏好，当游客感知到民宿品牌的独特性时，品牌差异性得以凸显，其对民宿品牌资产的影响较为直接；当游客感知到民宿品牌与自身需求一致性程度较高时，品牌与其竞争者相比也具有更强的差异性，更易形成民宿品牌资产。对两条直接影响路径的路径系数进行比较，发现自我关联体验对民宿品牌资产的影响更强。对于民宿品牌而言，更重要的是关注目标消费者价值需求，产生消费者与品牌的强联结，从而增进民宿品牌资产。

游客对乡村民宿品牌的乡村原真体验、真挚服务体验对乡村民宿品牌资产的直接影响路径不成立，乡村原真体验是乡村民宿品牌体验的基本要求，但其本身并不能直接形成民宿品牌资产；真挚服务体验对于民宿游客体验虽具有重要作用，但其也不能直接形成民宿品牌资产。研究结果证明乡村原真体验、真挚服务体验对民宿品牌资产的直接影响较弱。

乡村民宿在建设品牌时，最重要的是形成游客对品牌的独特风格体验和自我关联体验，尤其是后者对于基于消费者的品牌资产具有重要意义。

5.4.2 "真实性体验—品牌形象—品牌资产"的影响路径

（1）游客真实性体验—品牌形象

由结构方程模型的检验结果可知，游客真实性体验各维度均能够对品牌形象两维度(品牌能力形象、品牌温暖形象)产生显著的正向影响,如表5-13所示。

表5-13 游客真实性体验对品牌形象的影响

变量关系	标准化回归系数	P值	检验结果
BAI←VAE	0.164	—	支持
BWI←VAE	0.120	0.011	支持
BAI←USE	0.152	0.001	支持
BWI←USE	0.105	0.033	支持
BAI←SSE	0.202	—	支持
BWI←SSE	0.255	—	支持
BAI←SCE	0.423	—	支持
BWI←SCE	0.409	—	支持

通过对各条影响路径系数的比较,对品牌能力形象和品牌温暖形象来说,游客真实性体验各维度对其的影响程度排序都为:自我关联体验(0.423,0.409)>真挚服务体验(0.202,0.255)>乡村原真体验(0.164,0.12)>独特风格体验(0.152,0.105)。说明首先当民宿品牌与游客需求较一致时,品牌的能力形象和温暖形象都有较大的提升;当游客对民宿服务者的真挚性感知较强时,其对民宿品牌的能力形象和温暖形象也有较大的影响。其次是乡村原真体验,研究结果证实,其虽然不能够对民宿品牌资产产生直接作用,但对民宿品牌能力形象、品牌温暖形象有显著的正向影响。最后是独特风格体验,其除对民宿品牌资产有直接的影响作用外,还对民宿品牌的能力形象和温暖形象存在着显著的正向影响。

(2)品牌形象—品牌资产

品牌形象与民宿品牌资产的关联较强。结构方程模型的检验结果显示,品牌能力形象、品牌温暖形象均对民宿品牌资产产生显著的正向影响。品牌温暖形象对民宿品牌资产的影响路径系数(0.268)高于品牌能力形象对民宿品牌资产的影响路径系数(0.199),总体来说,品牌温暖形象对乡村民宿品牌资产的影响作用更强。

游客真实性体验各维度可以通过这样的路径来影响品牌资产:首先通过游客真实性体验影响民宿品牌能力形象和品牌温暖形象(尤其是品牌温暖形象),然后品牌能力形象、品牌温暖形象对民宿品牌资产产生影响。

第5章 游客真实性体验对乡村民宿品牌资产影响模型的实证检验

（3）真实性感知—品牌形象—品牌资产

由"游客真实性体验—品牌形象""品牌形象—品牌资产"的影响关系可知，品牌形象在游客真实性体验对品牌资产之间的影响关系中发挥着重要的作用，推断游客真实性体验可通过对品牌形象的感知作用来影响民宿品牌资产，即品牌形象在游客真实性体验对民宿品牌资产的影响中发挥中介作用。结构方程模型检验结果证实了，品牌能力形象、品牌温暖形象在游客真实性体验各维度对品牌资产的影响中均能够发挥中介作用，具体的中介效应值如表5-14所示。

表5-14 中介效应检验结果

假设	关系	项目	效应值	相对效应
H7a	VAE→BAI→BE	总效应	0.061	
		直接效应	0.028	45.90%
		中介效应	0.033	54.10%
H7b	VAE→BWI→BE	总效应	0.060	
		直接效应	0.028	46.67%
		中介效应	0.032	53.33%
H8a	USE→BAI→BE	总效应	0.140	
		直接效应	0.112	80.00%
		中介效应	0.028	20.00%
H8b	USE→BWI→BE	总效应	0.138	
		直接效应	0.112	81.16%
		中介效应	0.026	18.84%
H9a	SSE→BAI→BE	总效应	0.100	
		直接效应	0.062	62.00%
		中介效应	0.038	38.00%
H10a	SCE→BAI→BE	总效应	0.323	
		直接效应	0.250	77.40%
		中介效应	0.073	22.60%
H10b	SCE→BWI→BE	总效应	0.345	
		直接效应	0.250	72.46%
		中介效应	0.095	27.54%

从中介效应与总效应和直接效应的比对结果可知，品牌能力形象和品牌温暖

形象在游客真实性体验各维度对品牌资产的影响中均发挥部分中介效应。研究结果证实,乡村原真体验不能直接影响乡村民宿品牌资产,而是需要借由游客对乡村民宿品牌能力形象和品牌温暖形象的感知,形成民宿品牌资产,"品牌形象"两个维度在"乡村原真体验"对"品牌资产"关系中的中介效应最强(54.1%,53.33%)。类似地,游客的"真挚服务体验"也不能直接影响乡村民宿品牌资产,而是需要通过转化为品牌能力形象和品牌温暖形象而来影响品牌资产,品牌能力形象和品牌温暖形象的中介效应较强(38%,42.59%)。游客的"自我关联体验"能够对品牌资产产生直接影响,同时自我关联体验可以通过增强民宿品牌能力形象、品牌温暖形象来促进民宿品牌资产,"品牌形象"在其对品牌资产的关系中起到部分中介作用(22.6%,27.54%);同样,游客的"独特风格体验"可借由品牌形象的感知来影响品牌资产,品牌形象存在部分中介作用(20%,18.84%)。

游客真实性体验对品牌资产的影响,除独特风格体验、自我关联体验对品牌资产存在着直接的影响路径外,真实性体验各个维度都可以通过"真实性体验—品牌形象—品牌资产"的间接影响路径来影响民宿品牌资产,游客真实性体验转化为游客对品牌能力形象、品牌温暖形象的感知时,有助于民宿品牌资产的形成。

5.5 本章小结

本章通过对各变量测量题项的开发,完成问卷设计过程,在问卷预测试的基础上,通过对典型案例地——京津冀地区乡村民宿品牌的消费者体验问卷调查,对收集的样本数据进行结构方程模型检验,并修正模型,明确游客真实性体验对乡村民宿品牌资产的影响路径及路径系数。研究结果显示为"真实性体验—品牌资产"的影响路径:游客对乡村民宿品牌的独特风格体验、自我关联体验能够直接影响民宿品牌资产;"真实性体验—品牌形象—品牌资产"的影响路径:游客真实性体验各维度均能够对品牌形象两维度(品牌能力形象、品牌温暖形象)产生显著的正向影响。本章对影响模型的实证检验,为下一章深入分析游客真实性体验对乡村民宿品牌资产的细分影响模式,提供了分析依据。

第 6 章　游客真实性体验对乡村民宿品牌资产的影响模式细分比较

通过第 5 章中"游客真实性体验对乡村民宿品牌资产影响模型的实证检验"，明确了游客真实性体验多个维度对乡村民宿品牌资产的影响作用，以及品牌形象两维度的中介作用。结构方程模型分析法能够呈现出游客真实性体验对乡村民宿品牌资产影响的总效应，但是对于不同样本之间的差异性分析则存在一定的限制。对不同的乡村民宿品牌而言，不一定都能够做到在游客真实性体验各维度上的高水平，但依然可能存在一些条件组合来实现较高的品牌资产，即可能存在着游客真实性体验对乡村民宿品牌资产的不同影响模式。本章利用 fsQCA 方法，对上一章中的调研样本进行细分比较，试图揭示游客真实性体验对民宿品牌资产的不同影响模式。

6.1　真实性体验对乡村民宿品牌资产影响的差异化分析

6.1.1　真实性体验驱动的差异化模式

乡村民宿品牌资产可由游客真实性体验来驱动形成，而游客真实性体验存在多个不同的维度，其具备多元性与复杂性的特征。本研究将民宿游客真实性体验划分为乡村原真体验、独特风格体验、真挚服务体验、自我关联体验，四个维度代表了乡村民宿游客真实性体验的四个方面，乡村原真体验是乡村民宿塑造并传达在地特色的游客体验结果，独特风格体验是乡村民宿通过自身独特性形成品牌真实性的主要途径，真挚服务体验是乡村民宿通过服务者传达民宿"人情氛围"的体验塑造，自我关联体验是乡村民宿通过象征价值传达的游客真实性体验。

结构方程模型的实证研究证实，游客真实性体验能够通过直接和间接的影响路径来提升乡村民宿品牌资产。游客真实性体验不仅直接与民宿品牌资产有所关联，并且可以通过消费者对品牌形象的感知来间接影响民宿品牌资产。本研究将民宿品牌形象划分为品牌能力形象、品牌温暖形象两个维度,结构方程模型的分析结果证实,品牌形象的两个维度均能够正向影响品牌资产。对乡村民宿而言,品牌能力形象反映其专业性、效率等特点,品牌温暖形象则反映其亲切和温度等特点,其代表了乡村民宿品牌形象的两个面向。结构方程模型的结果是对样本整体效应的聚合结果,对于不同的乡村民宿,在品牌的发展过程中,可由不同的游客真实性体验获得不同的品牌形象评价,从而影响其品牌资产水平。从品牌能力形象、品牌温暖形象二维度来说,乡村民宿有可能通过同时具备两方面的品牌形象获取品牌资产,也有可能仅通过一方面品牌形象获取品牌资产。因此,不同的乡村民宿具有不同的游客真实性体验,乡村民宿品牌资产的高水平是不同游客真实性体验要素的组合驱动结果。

6.1.2 不同情境因素的影响作用

游客真实性体验对民宿品牌资产的影响,除系统内部因素的互相影响外,还受到情境因素的影响。市场细分理论从组织和消费者两个层面提出市场定位的依据,一方面从组织角度出发,其资源与能力基础具有差异性;另一方面从消费者角度出发,不同的消费者有着不同的消费需求。本研究从民宿类型和消费者特征两个层面,分析游客真实性体验对民宿品牌资产影响关系的主要情境因素。

6.1.2.1 民宿类型

Wu 等(2012)提出,不同类型的住宿企业应根据各自主要优势来实施客户关系管理[21]。相关研究表明,规模与区位因素是影响民宿需求的重要因素。Jiang 等(2020)通过 Airbnb 分析,发现民宿特征是影响民宿需求的根本因素之一,其中规模和区位因素有显著的影响作用[190]。Ye 等(2018)指出,住宿企业规模对消费者体验有不同的影响[191]。

(1)民宿规模

早期乡村民宿大多来自当地闲置民居,民居产权人及其家庭进行经营,民宿规模较小。随着民宿产业的不断发展,多样化的民宿经营主体出现,除民居产权人自己经营的形式,民居有时也租赁他人进行经营,当地村镇参与经营等多种形式开始出现,乡村民宿也由乡村闲置房屋扩展至其他建筑物,出现了许多房间数更多、更大占地规模的乡村民宿[125]。对于品牌建设而言,组织规模对于品牌建设存在重要影响[192]。与大企业不同,小型商业组织在品牌创建和成长时可享受的外部有利环境和内部资源相对有限,因而其不能盲目套用大型企业的品牌成长策略,而更需要

第6章 游客真实性体验对乡村民宿品牌资产的影响模式细分比较

一种独特的品牌成长策略,与资源和环境相适应[193]。因此不同规模的乡村民宿在游客真实性体验对品牌资产的影响过程中可能会存在较大差异。

(2) 民宿区位

民宿的区位可以表示民宿所在的具体位置,也可以表示民宿与对照物之间的空间相对位置。旅游消费者行为理论认为,旅游范围对旅游者行为具有重要影响[140]。根据消费者与民宿间的距离,即从出游半径来看,民宿旅游主要分为周边游(短途游)和跨省游(长途游)。从民宿市场定位的角度来看,则可将民宿分为短途民宿和远途民宿。短途民宿主要吸引周边地区的消费者,而远途民宿对较远地区的消费者更具吸引力。

6.1.2.2 游客特征

本研究主要从人口统计特征的角度识别游客特征。许多研究成果表明,具有不同人口统计特征的旅游者有着明显不同的消费特点。人口统计特征通常可以客观、准确地对旅游者特征进行判定,有助于民宿经营者对游客群体进行区分,并针对性地提供服务体验。Yz 等(2020)的研究专门针对人口统计特征对民宿感知价值的影响展开分析[194]。Leung 等(2021)通过深度访谈,调查旅游者选择民宿的原因,结果显示符合个人特征及期望成为影响游客当时和未来选择的重要因素[22]。

依据游客年龄和收入对民宿客群进行定位,具有较大的实践意义。可依据年龄针对不同年龄层的需求进行定位;依据收入则针对不同收入群体的需求进行定位,并实施定价策略。

(1) 游客年龄

民宿游客覆盖范围广,拥有广泛的用户基础。然而,不同年龄段的游客在旅游消费方面有不同的特点。例如,年轻人更喜欢旅游,他们愿意亲自参加长途的活动;相反,老年人更加关心舒适的程度等。根据年龄群体对民宿游客进行定位是比较常见的方法。周慧玲等(2010)的研究表明,不同年龄的城镇居民休闲行为在休闲目的、休闲活动类型、休闲满意度等方面具有差异,尤以中老年同青年的差异较为明显[195]。程绍珊等(2014)提出,当前,消费者社会群体结构发生了重大变化,展现出来一种两极分化的趋势。一方面,随着新一代消费者群体的出现,带来了主要的消费动力。另一方面,我国已经进入老龄化社会,中老年人消费比重越来越高,而其生理、心理等方面的差异性表现出了明显的消费特点[196]。

(2) 游客收入

在旅游行业中,不同收入水平的游客行为存在着显著的差异。收入高的旅游者支付能力较强,同时对消费体验的需求也往往更高;普通收入阶层或工薪阶层对于旅游消费的支付能力相对较弱,对消费体验的需求往往更集中在某些特定方面。民宿可以根据不同收入对目标游客群体进行定位[140]。

6.2 QCA方法的适用性及流程分析

QCA方法以集合理论和离散数学为基础,可以通过对样本个体特点的比较,分析条件变量对结果变量造成的影响。对于单独的样本,可以将其表示为一定条件和一定结果的组合,其中的条件组合也称条件构型,能够分析出导致特定结果和简化模型的因素组合形式。QCA方法不假设存在永久性因果关系,获得特定结果的方法也不总是唯一的,认为一系列条件,能够导致不同的特定结果,在多个可比较的样本之间确定不同因果关系的数量和特征,其更加强调因果关系的多样性和复杂性。因此可以通过QCA分析来确定民宿品牌资产高水平的前因条件构型,以此分析游客真实性体验对民宿品牌资产的影响模式。

6.2.1 QCA方法的运用逻辑

QCA方法基于布尔逻辑进行分析。如果研究中共包含5个变量,其中P、Q、M、N为条件变量,Z为结果变量,可列出布尔逻辑下的表达公式如下:

$$P^* \sim Q^* + M^*N \to Z \quad (6\text{-}1)$$

该式意为"P存在且Q不存在"的条件或"M、N同时存在"的条件能够导致Z结果。QCA方法可以分析导致特定结果出现的多种条件组合,即条件构型,同时对条件构型进行简化。如果Z结果的条件构型包含了4个:

$$P^*Q^* \sim M^* \sim N \to Z$$
$$P^*Q^* \sim M^*N \to Z$$
$$P^* \sim Q^* \sim M^* \sim N \to Z$$
$$P^* \sim Q^* \sim M^*N \to Z$$

首先对前两个条件构型进行简化,则可综合分析这两个构型,发现N存在或不存在,并不影响Z的出现,因此将两个式子合并,并写为:

$$P^*Q^* \sim M^* \sim N + P^*Q^* \sim M^*N = P^*Q^* \sim M(\sim N+N) = P^*Q^* \sim M \to Z \quad (6\text{-}2)$$

对后两个条件构型进行简化时,发现情况是同样的,N存在或不存在都不影响Z结果,因此将两个式子合并,并写作:

$$P^* \sim Q^*\text{-}M(\sim N + N) = P^* \sim Q^* \sim M \to Z \quad (6\text{-}3)$$

进一步,综合式(6-2)、(6-3)后,发现仍能够进行简化,因Q的存在与否并不影

响结果 Z，因此最终的简化结果为：

$$P^* \sim M \rightarrow Z \tag{6-4}$$

6.2.2 QCA 的分析过程

在应用 QCA 进行分析前，需要先获得分析数据，并明确条件和结果变量。QCA 的数据来源多样，需要根据研究的具体问题选择数据来源及分析变量。QCA 分析的是案例或样本，可同时实现小样本和大样本分析。案例或样本呈现出的是条件变量和结果变量的组合，在 QCA 中以"真值表"的形式来表现。当相同的条件变量组合产生不同的结果时，则出现"矛盾组态"。QCA 能够将真值表进行简化，最终获得结果存在或不存在的条件构型。

假设结果 Z 表示"Z 存在"，而其前因条件则包含 P、Q、G 三个变量，P、Q、G 通过不同的组合形式来实现结果 Z。如果前因条件或结果存在，其隶属度为 1，否则隶属度为 0，由此得到原因与结果的真值表，如表 6-1 所示。

表 6-1 真值表（假设数据）

原因条件			结果	事例	Z 发生的事例
P	Q	G	Z		
0	0	0	0	4	0
0	0	1	0	1	0
0	1	0	1	3	3
0	1	1	0	2	2
0	0	0	1	5	5
0	0	1	1	2	2
0	1	1	1	1	1
1	1	1	1	8	8
1	1	0	0	6	0
1	0	0	1	2	2
1	0	1	1	3	3
1	1	0	1	5	5

相同的条件构型应产生相同的结果，但在分析过程中，有时会出现矛盾组态，也就是相同的条件构型其结果相反。矛盾组态的产生有多种原因，有可能是研究设计方面的失误，也可能有现实性的理由来进行解释。QCA 可以通过"逻辑余项"来处理矛盾组态，当案例数不足以支撑足够的条件组合时，可观察的条件构型则是

有限的,而QCA可以通过假设条件构型的形态,即引入逻辑余项来简化结果。因此有多种条件构型可供分析,将导致Z结果的条件写作:

$$Z = PQG + PQg + Pqg + pqg \tag{6-5}$$

由前面对QCA运算逻辑的分析可知,该式可进一步简化为:

$$Z = PQ + qg \tag{6-6}$$

图6-1有助于直观化地理解简化过程:

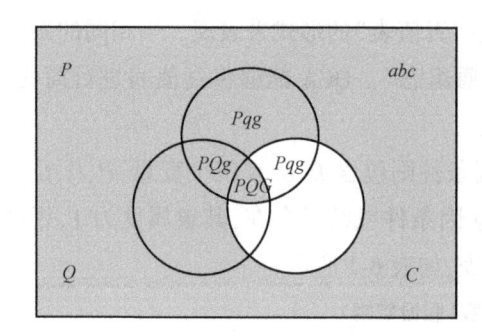

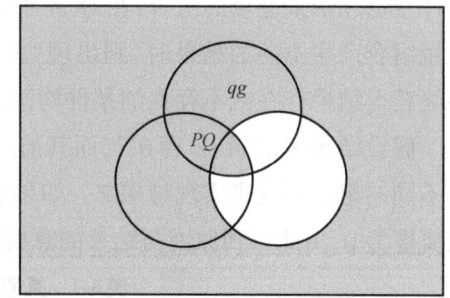

图 6-1　Y 的原因条件组合的集合图示

QCA的分析结果有复杂解、简约解和中间解,复杂解将所有的条件构型情况进行表示,而中间解和简约解则表示了QCA的简化结果,并且其简化程度不同,可依据研究情况进行选择。

6.3　研究设计

6.3.1　研究变量分析

6.3.1.1　结果变量

探讨游客真实性体验对民宿品牌资产的影响模式,即分析前因条件变量对民宿品牌资产的不同组合影响模式。QCA分析常将结果变量划分为如"存在/高水平"($y=1$)、"缺乏/低水平"($y=0$)的两类结果,本研究主要探讨产生品牌资产高水平的前因条件组合形式,因此将"品牌资产的高水平"作为研究的结果变量。

6.3.1.2　条件变量

(1) 核心条件

通过结构方程模型方法的分析,证实在游客真实性体验对民宿品牌资产的影响关系中,游客真实性体验、民宿品牌形象是民宿品牌资产的重要前因变量,因此将游客真实性体验、品牌形象各维度作为核心的条件变量。

第6章 游客真实性体验对乡村民宿品牌资产的影响模式细分比较

(2) 情境条件

将民宿规模、民宿区位、游客年龄、游客收入作为情境条件,分析不同情境下游客真实性体验对民宿品牌资产的影响模式。本研究依据一定的标准对情境变量进行分类:

对民宿规模的分类,一类是典型的小型接待组织(SAB)规模,一类是类似传统接待设施(酒店、度假村)的规模[149]。一般来说,一个接待单元的规模可以被定义为客房数量,并且这种界定更容易从游客角度进行理解。相关研究对小型接待组织的规模界定并无统一的标准,并且需要从不同的市场情境进行判断。本研究依照原国家旅游局于2017年发布的《旅游民宿基本要求与评价》,将小型民宿规模限定为不超过14间。

对民宿区位的分类,主要依据游客居住地与民宿的距离进行判断。依据相关研究,取最大值5小时车程(375 km)以内为周边游民宿的车程距离[184-185]。

游客年龄的分类,本研究采取世界卫生组织的划分,将15~44岁的人群称为青年人,45~59岁的人群称为中年人,60~74岁的人群称为年轻的老年人,75以上的称为老年人,在本研究中将45岁及以上人群合称为中老年人。

对游客收入的分类,依据国家统计局公布的2020年就业人员年平均工资情况,取各行业年平均工资中的最低值对平均月工资进行测算,结果约为4 000元。

6.3.2 研究方法及过程设计

6.3.2.1 研究方法

QCA是一种能对复杂变量作出反应的技术方法,目前学术界主要采用三种不同的QCA分析方法,分别是基于清晰集的csQCA方法、基于多值集的mvQCA方法、基于模糊集的fsQCA方法。csQCA方法将研究变量校准为"0"(存在)、"1"(缺乏)两类,mvQCA方法的变量校准可出现多值。fsQCA方法并非将变量取值简单地划分为有限的几类,而是通过隶属度的概念,描述一个元素的类别与程度,使研究者能够通过集合关系与数理逻辑中的充要条件的结合,最终在命题中表达条件与结果的相互关系。

fsQCA的分析主要分为以下步骤:首先,通过实践和理论知识,找到模糊集定义的向量空间角度与真值表中的行之间的对应关系,把各变量数据转化为隶属度,并给出条件构型及其特征数据。其次,基本统计,对条件和结果集合进行统计分析,主要包括必要性分析、共存度分析等,考察变量结合之间的关系,通过基本的统计分析,可以确定影响结果的基本条件。接着,可以评估不同情况组合的案例分配情况,以确定哪些条件组合是相关的,哪些是无关的。最后,简化获得的条件构型并得出适当的结论。

6.3.2.2 研究过程设计

fsQCA方法具有简洁性原则[197],面对错综复杂的因素组合,可利用分阶段的方式展开分析。本研究借鉴陈汉辉等人(2019)的方法[198],共设计了两个阶段的分析。在第一阶段,本研究分析形成高水平品牌资产的游客真实性体验、品牌形象的条件构型;在第二阶段,加入情境变量,分析形成高水平品牌资产的游客真实性体验、品牌形象、情境变量的条件构型。研究过程如图6-2所示。

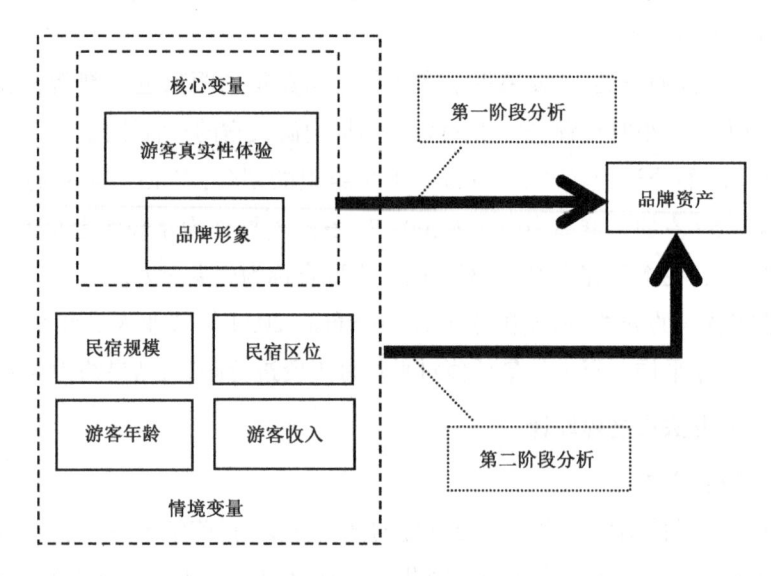

图6-2 分析过程

之所以采取两阶段分析方式,基于如下考量:通过第5章的实证分析,已经验证了游客真实性体验、品牌形象为品牌资产的重要前因,游客真实性体验首先分析游客真实性体验、品牌形象的条件构型,即形成乡村民宿品牌资产高水平的不同游客真实性体验要素组合,以此探讨游客真实性体验对品牌资产的基本影响模式;然后增加情境影响因素,获取新的条件构型,并与第一阶段进行对比分析,观察对于不同的情境,是否存在游客真实性体验对品牌资产的不同影响模式。

6.4 数据运算过程

6.4.1 分析基础

6.4.1.1 变量校准

利用 fsQCA 进行运算,需要对已经获得的调研数据进行变量的校准,把样本数据转化成集合的隶属度,因为进行了数值向集合的转化,首先设定集合的临界值。本章所研究的条件及结果变量主要分为两类,分别为连续变量(VAE、USE、SSE、SCE、BAI、BWI、BE)和类别变量(HS、HD、CA、CI)。

(1) 连续变量校准

首先对连续变量进行校准,根据上下四分位数及中位数,分别设置"完全隶属""交叉点""完全不隶属"的边界值,如表 6-2 所示。

表 6-2 连续变量的校准

		研究变量	完全隶属	交叉点	完全不隶属
条件变量	游客真实性体验	乡村原真体验 VAE	5.286	4.286	3
		独特风格体验 USE	5.333	4.333	2.667
		真挚服务体验 SSE	5.4	4.625	2.925
		自我关联体验 SCE	5.5	4.625	2.781
	品牌形象	品牌能力形象 BAI	5.4	4.6	3
		品牌温暖形象 BWI	5.5	4.75	3
结果变量	品牌资产	品牌资产 BE	5.167	4.333	3

校准后集合隶属度的范围为[0,1],实际应用中 fsQCA 数值的范围通常在 [0.05,0.95] 的范围内。QCA 分析中将 Likert 量表进行"0-1"转换的过程中并不是严格的均分,而是根据 QCA 中构型理论的思想,分值越大的数值对应于 fsQCA 中越接近"1"的数值,用以体现其发生的概率越大。

(2) 类别变量校准

类别变量的校准有多种尺度,本研究应用比较常见的四分类校准依据(0、0.33、0.67、1),对各类别变量进行校准。以 0.5 的隶属度为中间阈值,类别变量可被划分为高分组和低分组。对各类别变量进行校准,其结果如表 6-3 所示。

表 6-3 类别变量的校准

变量名称	选项	校准值
民宿规模 HS	1~7 间客房	0
	8~14 间客房	0.33
	15~21 间客房	0.67
	22 间客房及以上	1
民宿区位 (车程) HD	2.5 小时以内	0
	2.5 小时以上,5 小时以内	0.33
	5 小时以上,7.5 小时以内	0.67
	7.5 小时及以上	1
游客年龄 CA	34 岁及以下	0
	35~44 岁	0.33
	45~54 岁	0.67
	55 岁及以上	1
游客收入 CI	2 000 元及以下	0
	2 001~4 000 元	0.33
	4 001~6 000 元	0.67
	6 001 元以上	1

6.4.1.2 必要性检验

对形成品牌资产高水平(BE=1)的情形进行分析时,先对条件变量的必要性进行分析,如果每个样本在条件中的隶属度都大于其在结果中的隶属度,该结果集合就是该条件集合的模糊子集,即该条件是该结果的必要条件,只要出现了特定结果,该条件就一定出现。

利用软件 fsQCA 3.0 进行分析,只有当一致性的结果大于 0.9 时,才证明该变量为结果的必要条件。以品牌资产的高水平(趋近于校准值 1)为结果变量,以乡村原真体验(VAE)、独特风格体验(USE)、真挚服务体验(SSE)、自我关联体验(SCE)、品牌能力形象(BAI)、品牌温暖形象(BWI)及其非集为条件变量。结果显示,所有单项条件变量的一致性均小于 0.9,任何单项条件变量对于乡村民宿品牌资产的高水平都没有构成必要条件。说明乡村民宿品牌资产的高水平,并不一定需要某一特定条件变量的出现,而是需要条件变量间的组合作用。

第6章 游客真实性体验对乡村民宿品牌资产的影响模式细分比较

必要性检验的具体结果如表6-4所示。

表6-4 必要性检验

连续变量	一致性	覆盖度	类别变量	一致性	覆盖度
VAE	0.645	0.553	HS	0.605	0.525
~VAE	0.424	0.417	~HS	0.574	0.555
USE	0.604	0.609	HD	0.439	0.531
~USE	0.509	0.427	~HD	0.694	0.511
SSE	0.593	0.635	CA	0.638	0.528
~SSE	0.519	0.415	~CA	0.565	0.578
SCE	0.642	0.628	CI	0.675	0.501
~SCE	0.462	0.397	~CI	0.443	0.529
BAI	0.665	0.659			
~BAI	0.448	0.381			
BWI	0.636	0.661			
~BWI	0.467	0.383			

6.4.2 核心变量的条件构型分析

6.4.2.1 真值表分析

将民宿品牌资产的高水平(BE=1)设置为结果,游客真实性体验、品牌形象各维度(VAE、USE、SSE、SCE、BAI、BWI)设置为条件,进行真值表分析,结果如表6-5所示。

表6-5 真值表(品牌资产高水平)

BWI	BAI	SCE	SSE	USE	VAE	BE	占比
1	1	1	1	1	1	1	24.47%
1	1	1	1	0	1	1	17.03%
1	1	0	1	1	1	1	11.7%
1	1	1	0	0	1	1	9.57%
1	0	1	1	1	1	1	8.51%
1	1	1	0	1	1	1	7.45%
1	1	1	1	0	0	1	6.38%

续表 6-5

BWI	BAI	SCE	SSE	USE	VAE	BE	占比
1	1	0	1	0	1	1	6.38%
1	0	0	1	1	1	1	3.19%
1	1	1	1	1	0	1	2.13%
1	1	0	1	1	0	1	3.19%

6.4.2.2 共存度分析

fsQCA 的共存度分析能够对变量的共存情况进行测算，数值越高则共存结果越好。首先，对前因条件与品牌资产的共存度进行测算，结果显示，与结果变量的共存度排序为：品牌能力形象>品牌温暖形象>自我关联体验>真挚服务体验>独特风格体验>乡村原真体验，说明乡村民宿品牌资产的高水平，往往由品牌形象的高水平导致。游客真实性体验各维度与品牌资产的共存度相差不大。对品牌能力形象、品牌温暖形象与品牌资产的共存度进行检验，发现共存度最低，说明同时具备品牌能力形象、品牌温暖形象，比具备单方面品牌形象更加困难，结果如表 6-6 所示。

表 6-6 前因条件与品牌资产的共存度

前因条件	共存度	排序
BAI	0.495	1
BWI	0.48	2
SCE	0.465	3
SSE	0.442	4
USE	0.436	5
VAE	0.424	6
BAI,BWI	0.313	7

对游客真实性体验与品牌形象的共存度进行分析，结果如表 6-7 所示。

表 6-7 游客真实性体验与品牌形象的共存度

品牌形象	游客真实性体验	共存度
BAI	SCE	0.508
	VAE	0.474

续表 6-7

品牌形象	游客真实性体验	共存度
BWI	SSE	0.459
	USE	0.451
	SCE	0.483
	SSE	0.467
	USE	0.416
BAI,BWI	VAE	0.41
	SCE	0.315
	SSE	0.294
	VAE	0.277
	USE	0.272

结果显示,游客真实性体验各维度与品牌能力形象的共存度排序,同与品牌温暖形象的共存度排序是不同的,游客真实性体验的不同维度与品牌能力形象和品牌温暖形象的共存水平是不同的。游客真实性体验各维度与品牌形象两维度的共存度中,自我关联体验最高,说明自我关联体验能够有效提升品牌形象的两个维度。

此外,对游客真实性体验所有维度与品牌资产的共存度进行检验,共存度为 0.154;对游客真实性体验、品牌形象所有维度与品牌资产的共存度进行检验,共存度为 0.12。说明乡村民宿的品牌资产,其实是由具体的前因组合形成的。

6.4.2.3 条件构型分析

进一步对乡村民宿品牌资产的条件构型进行分析,考察形成品牌资产高水平的具体前因构型。首先利用 fsQCA3.0 软件构建真值表,将一致性门槛设定为 0.8,将 PRI>0.7 的案例视为可接受。运行结果显示,存在 5 种简化后的条件构型,可以导致高水平品牌资产的出现,分别表示为 C1~C5。因解中不存在单独的必要条件,而 5 种构型的总一致性达到 0.803,一致程度较好,因此各条件构型都具有充分性,即所有条件变量的存在都为结果的充分条件。5 个条件构型总覆盖度为 0.443,共覆盖了 44.3% 的样本;从不同条件构型的覆盖度来看,5 个构型所覆盖的样本数相差不大,都具有一定的说服力。具体结果如表 6-8 所示。

表6-8 游客真实性体验、品牌形象的构型分析

	VAE	USE	SSE	SCE	BAI	BWI	一致性	覆盖度	总一致性	总覆盖度
C1			●	●	●	●	0.88	0.322		
C2		●	●		●	●	0.853	0.287		
C3	●		●		●	●	0.854	0.31	0.803	0.443
C4	●			●	●	●	0.868	0.319		
C5	●	●	●			●	0.837	0.284		

注：充分条件的存在表示为"●"，充分条件的缺乏表示为"⊗"，下同。

由5种构型可知，品牌能力形象(BAI)、品牌温暖形象(BWI)对品牌资产来说都具有重要的作用，两类品牌形象都出现时(C1~C4)，有利于民宿品牌资产的高水平；品牌温暖形象(BWI)在所有组态中都出现了，其对于民宿品牌资产的作用更强。除C4外，真挚服务体验(SSE)在其他四个构型中都存在，说明了人员服务真挚性在民宿品牌资产建设中的重要作用。现对各种构型进行具体分析：

(1) 条件构型 C1 由真挚服务体验(SSE)、自我关联体验(SCE)、品牌能力形象(BAI)、品牌温暖形象(BWI)构成。在游客真实性体验中，真挚服务体验、自我关联体验更倾向于游客的内在情感体验。在这一构型中，游客通过较高的真挚服务体验和自我关联体验，感知到民宿的品牌能力形象和品牌温暖形象，形成了高水平的民宿品牌资产。

(2) 条件构型 C2 由独特风格体验(USE)、真挚服务体验(SSE)、品牌能力形象(BAI)、品牌温暖形象(BWI)构成。在这一构型中，游客感知到乡村民宿的独特风格，以及民宿服务者的真挚性，乡村民宿给游客带来了品牌能力形象和品牌温暖形象的感知，形成了高水平的民宿品牌资产。

(3) 条件构型 C3 由乡村原真体验(VAE)、真挚服务体验(SSE)、品牌能力形象(BAI)、品牌温暖形象(BWI)构成。在这一构型中，游客拥有乡村原真体验和真挚服务体验，说明乡村民宿很好地呈现了当地特色，民宿服务者给游客留下了真挚的印象，游客对民宿产生品牌能力形象、品牌温暖形象的感知，形成了高水平的民宿品牌资产。

(4) 条件构型 C4 由乡村原真体验(VAE)、自我关联体验(SCE)、品牌能力形象(BAI)、品牌温暖形象(BWI)构成。在这一构型中，乡村民宿具有当地特色，并且能够传达游客内心所寻求的价值，使游客感知到品牌能力形象和品牌温暖形象，

第6章 游客真实性体验对乡村民宿品牌资产的影响模式细分比较

形成了高水平的民宿品牌资产。

（5）条件构型C5由乡村原真体验（VAE）、独特风格体验（USE）、真挚服务体验（SSE）、品牌温暖形象（BWI）构成。在这一组态中，乡村民宿具有当地特色和自身的独特风格，同时人员服务真挚，游客感知到民宿品牌的温暖形象，形成了高水平的民宿品牌资产。

6.4.3 加入情境变量的条件构型分析

加入情境变量后，导致品牌资产高水平的前因条件构型情况将发生变化，一些条件构型与第一阶段的条件构型重叠，即未出现在特定情境下的条件构型，本节分析省略掉同第一阶段分析重叠的结果。

6.4.3.1 加入民宿规模的条件构型分析

探究民宿规模、游客真实性体验、品牌形象3个前因条件对民宿品牌资产的影响模式，运用fsQCA软件，以品牌资产的高水平为结果变量进行条件构型分析。最终运算结果显示，存在5个条件构型，如表6-9所示。

表6-9 民宿规模、游客真实性体验、品牌形象的构型分析

	HS	VAE	USE	SSE	SCE	BAI	BWI	一致性	覆盖度	总一致性	总覆盖度
S1	⊗		●	●	⊗	●		0.858	0.093	0.845	0.372
S2	⊗	●	●	●	●		●	0.897	0.17		
S3	⊗	●	●	●	●		●	0.913	0.175		
S4	●	●		●		●		0.904	0.218		
S5	●		●		●	●		0.92	0.195		

当民宿规模较小时，存在3种条件构型。构型S1：~HS * USE * SSE * ~ SCE * BAI * BWI，与第一阶段条件构型对比，符合构型C2，但规模较小的民宿不需要较强的自我关联，若民宿足够独特，并且服务真挚，游客就会感知到乡村民宿的品牌能力形象和品牌温暖形象，形成品牌资产的高水平；构型S2：~HS * VAE * USE * SSE * SCE * BWI，规模较小的乡村民宿，可以通过全方面的真实性体验，使游客感知到品牌温暖形象，形成品牌资产的高水平；构型S3：~HS * VAE * USE * SSE * SCE * BWI，其显示，规模较小的乡村民宿，还可以通过独特性、真挚性和消费者自我关联，以及一定的乡村原真性，获得品牌能力形象，形成品牌资产的高水平，与第一阶段条件构型相比，S3形成了新的条件构型。

当民宿规模较大时，存在两种条件构型。构型S4：HS * VAE * SSE * BAI *

BWI,符合 C3 构型,民宿品牌通过乡村原真性和真挚服务者的作用,获取品牌能力形象和品牌温暖形象,形成品牌资产的高水平;构型 S5:HS * USE * SSE * SCE * BAI * BWI,符合构型 C2,但规模较大的民宿除独特风格、真挚服务者以外,还需要与游客的自我一致性较高,才能获取品牌能力形象和品牌温暖形象,形成品牌资产的高水平。

对比 HS、~HS 的条件构型,可以发现,无论民宿规模大或小,消费者对真挚服务感知的需求都较为强烈;当民宿规模较小时,消费者对独特风格感知的需求较强,但对品牌形象的要求稍低;当民宿规模较大时,消费者对品牌形象的要求较高,需要其既具有能力形象,又具有温暖形象。

6.4.3.2 区位影响下的条件构型分析

将民宿区位变量加入,探究民宿区位、游客真实性体验、品牌形象 3 个前因条件对乡村民宿品牌资产的组合影响,运用 fsQCA 软件,以品牌资产的高水平为结果变量,运算结果显示,共存在 6 个条件构型,如表 6-10 所示。

表6-10 民宿区位、游客真实性体验、品牌形象的构型分析

构型	HD	VAE	USE	SSE	SCE	BAI	BWI	一致性	覆盖度	总一致性	总覆盖度
D1	⊗	●	●	●	●			0.86	0.221	0.83	0.411
D2	⊗	●	●		●	●		0.867	0.242		
D3	⊗	●	●	●		●		0.873	0.227		
D4	⊗				●	●	●	0.9	0.256		
D5	●	●	⊗	●		●		0.89	0.08		
D6	●	⊗	●	●	⊗	●		0.902	0.039		

对于较近的民宿,共存在 4 种条件构型。构型 D1:~HD * VAE * USE * SSE * SCE,在这一构型中,消费者获得了 4 个维度的真实性体验,但对于品牌形象是缺乏的,说明对于周边民宿,消费者更关注于真实性体验,对品牌形象的关注度并不高,通过较为全面的真实性体验,对民宿形成依附性。构型 D2:~HD * VAE * USE * SCE * BAI,在这一构型中,除民宿服务者外,其他的真实性体验要素均较强,消费者对服务者的关注程度不高,但对民宿整体感知有较高的要求,并对品牌产生能力印象。构型 D3:~HD * VAE * USE * SSE * BAI,在这一构型中,消费者对自我关联体验的需求较低,但是对其他三方面的真实性体验需求较高,乡村原真体验、独特风格体验、真挚服务体验主要体现了消费者对民宿吸引物的客体真实性感知。构

第6章 游客真实性体验对乡村民宿品牌资产的影响模式细分比较

型 D4：~HD * USE * SSE * SCE * BAI * BWI，这一构型基本符合 C2 构型，但消费者还需求与民宿品牌有较强的一致性。

对于较远的民宿，共存在 2 种条件构型。构型 D5：HD * VAE * ~USE * SSE * BAI * BWI，在这一构型中，消费者对地方民俗的关注较高，而不需要民宿具有较强的独特性，说明消费者选择较远的民宿，可能会在意其旅游地特征。构型 D6：HD * ~VAE * USE * SSE * SCE * BAI * BWI，基本符合 C2 构型，在这一构型中，消费者缺乏乡村原真体验，但对民宿其他方面的感知较强。

对 HD、~HD 的情形进行对比，可以看出，对于近郊民宿而言，消费者对独特风格体验的要求较高，其成为核心的游客真实性体验体验需求，并与其他的真实性体验要素组合形成共 4 种品牌资产影响模式。就形成的模式来说，消费者并未要求民宿品牌同时具备能力形象和温暖形象，对于两个品牌形象维度，消费者更关注民宿品牌的能力形象；对远游民宿而言，消费者对真挚服务体验的要求较高，真挚服务体验与其他真实性感知要素组合形成共 2 种品牌资产影响模式，消费者倾向于要求民宿品牌既具备品牌能力形象，又具备品牌温暖形象。

6.4.3.3 年龄影响下的条件构型分析

探究游客年龄、游客真实性体验、品牌形象 3 个前因条件对乡村民宿品牌资产的影响，运用 fsQCA 软件，以品牌资产的高水平为结果变量，运算结果显示，共存在 7 个条件构型，如表 6-11 所示。

表 6-11 游客年龄、游客真实性体验、品牌形象的构型分析

构型	CA	VAE	USE	SSE	SCE	BAI	BWI	一致性	覆盖度	总一致性	总覆盖度
A1	⊗	●			●	●	●	0.928	0.236	0.769	0.496
A2	●	●		●	●	●	●	0.87	0.251		
A3	●			●	●	●	●	0.899	0.255		
A4	●		●	●		●	●	0.884	0.232		

对于年龄偏小的游客，其条件构型为 A1：~CA * VAE * SCE * BAI * BWI，在这一构型中，游客对地方文化的关注度较高。

对于年龄偏大的消费者，存在 3 种条件构型，其分异性较强。其中构型 A2：CA * VAE * SSE * SCE * BAI * BWI，这一构型不要求民宿的独特性，但其他游客真实性体验都较强，通过对民宿综合服务的感知形成品牌能力形象和品牌温暖形象感知，获得较高水平的品牌资产。构型 A3：CA * SSE * SCE * BAI * BWI，符合 C1 构

型；构型 A4：CA * USE * SSE * BAI * BWI，符合 C2 构型。

对 CA、~CA 的情形进行对比，年龄偏小的民宿游客主要形成了地方文化驱动型的影响模式，其对民宿乡村原真体验和自我关联体验的关注度较高；年龄偏大的民宿游客分异性较强，其对真挚服务体验的需求更强，比较关注乡村民宿品牌的服务者。

6.4.3.4 收入影响下的条件构型分析

探究游客收入、游客真实性体验、品牌形象 3 个前因条件对乡村民宿品牌资产的影响，运用 fsQCA 软件，以品牌资产的高水平为结果变量，运算结果显示，共存在 7 个条件构型，如表 6-12 所示。

表6-12 游客收入、游客真实性体验、品牌形象的构型分析

构型	CI	VAE	USE	SSE	SCE	BAI	BWI	一致性	覆盖度	总一致性	总覆盖度
I1	⊗	⊗		●		●	●	0.8717	0.07	0.8	0.469
I2	⊗	⊗		●	●		●	0.858	0.07		
I3	⊗		●		●	●	●	0.906	0.15		
I4	⊗	●	●	●	●			0.872	0.154		
I5	⊗	⊗	●	●	⊗	●		0.866	0.04		
I6	●	●		●		●	●	0.904	0.245		
I7	●	●			●	●	●	0.876	0.234		

当游客收入水平较偏低时，共存在 5 种条件构型，有较大的分异性。构型 I1：~CI * ~VAE * SSE * BAI * BWI，游客对服务者的关注较高，主要通过对服务者的真实性体验获得民宿的品牌形象。构型 I2：~CI * ~VAE * SSE * SCE * BWI，游客不需要乡村原真体验，但对情感需求关注度高，需要民宿有真挚的服务者，并且能与游客产生较强的情感联系。构型 I3：~CI * USE * SCE * BAI * BWI，游客对民宿独特性要求较高，并且需要有强烈的一致性。构型 I4：~CI * VAE * USE * SSE * SCE，游客对民宿的真实性体验较为均衡，但未形成品牌形象。构型 I5：~CI * ~VAE * USE * SSE * ~SCE * BAI，游客对民宿独特性和人员真挚性需求较高。

当游客收入水平较高时，共存在 2 种条件构型。构型 I6：CI * VAE * SSE * BAI * BWI，游客对乡村原真及服务者真挚性的需求较强。构型 I7：CI * VAE * SCE * BAI * BWI，游客对乡村原真体验和自我关联体验的需求较强。

对 CI、~CI 的情形进行对比，低收入游客对原真性、品牌形象的在乎程度相对

较低,对服务者、民宿的感知较强,分异性也较强;高收入游客,对乡村原真体验的要求较高,对品牌形象较为关注。

6.5 基于条件构型的影响模式分析

综合两个阶段的条件构型的分析结果,归纳游客真实性体验对民宿品牌资产的影响模式并进行命名。其中,第一阶段的条件构型显示了游客真实性体验对乡村民宿品牌资产的基本影响模式,共有5种模式;第二阶段的条件构型与第一阶段进行对比后,产生了5种特殊影响模式。

6.5.1 基本模式分析

通过第一阶段的分析,显示了乡村民宿品牌资产的5种条件构型,将其进行比较,共归纳出游客真实性体验对品牌资产的5种基本影响模式。5种基本影响模式的适用性都较强,是游客真实性体验对乡村民宿品牌资产影响的主要模式。现对其进行具体分析:

(1) 情感驱动型(SSE * SCE)

该模式主要由真挚服务体验、自我关联体验驱动,形成民宿品牌形象(多数情况品牌能力形象、品牌温暖形象兼备),进而获取品牌资产的高水平。真挚服务体验主要由乡村民宿的服务者所提供,与城市酒店不同,乡村民宿的服务者与游客的接触相对更多,并且不一定需要形成标准化服务。很多选择去乡村民宿住宿的游客正是为了去体验民宿中的人情味,同时也可能因为对民宿人员的认可而选择再次光临。自我关联体验体现了乡村民宿与游客的自我一致性,即民宿能够了解并满足游客的内在价值趋向。真挚服务体验、自我关联体验两个维度主要从情感方面使游客与民宿品牌增强联结。

情感驱动型的影响模式适用性较强,对于不同规模和区位的乡村民宿都是适用的。针对不同消费者特征而言,年龄较大的消费者群体更倾向于该模式;不同收入水平的消费者都较倾向于该模式,但收入水平较低的群体更关注其带来的品牌温暖形象,收入水平较高的群体则同时关注该模式带来的品牌能力、品牌温暖两方面形象。

(2) 独特情怀驱动型(USE * SSE)

该模式主要由独特风格体验、真挚服务体验驱动,形成民宿品牌形象(多数情况品牌能力形象、品牌温暖形象兼备),进而获取品牌资产的高水平。乡村民宿具有自身的独特风格,并且民宿服务者的作用较强时,民宿的品牌能力形象和品牌温暖形象较强,品牌资产水平也较高。在该模式中,由民宿服务者和独特风格的民宿体验形成游客对民宿品牌独特情怀的真实性体验。通过具体的条件构型可知,当民宿规模较大时,除呈现的独特情怀外,民宿还需要与游客的自我关联性较强,才能令游客形成更深的体验。当民宿规模较小时,自我关联较弱的民宿形成了小而新奇的民宿,小型民宿往往由民宿主人及其家庭亲自服务,民宿主人的独特情怀更明显,其个性较鲜明时,不一定与游客具有一致性,仍可以为游客带来新奇体验。该模式适用于不同规模和区位的民宿,以及年龄偏大及收入水平偏低的消费者群体,其中收入水平偏低的消费者群体更关注该模式带来的民宿品牌能力形象。

(3) 民俗驱动型(VAE * SSE)

该模式主要由乡村原真体验、真挚服务体验驱动,形成民宿品牌形象(品牌能力形象、品牌温暖形象兼备),进而获取品牌资产的高水平。在该模式中,乡村原真体验体现了对当地旅游资源的再开发和再利用,使游客对民宿产生当地特色民宿的认同,真挚服务体验则主要来自乡村民宿服务者。乡村原真体验、真挚服务体验构成了游客对乡村民宿的物质景观、人文景观的体验,品牌形象、品牌资产的形成是由民俗体验驱动的。该模式适用于规模偏大或区位较远的民宿,各个年龄层以及收入水平偏高的消费者。

(4) 地方文化驱动型(VAE * SCE)

该模式主要由乡村原真体验、自我关联体验驱动,形成民宿品牌形象(品牌能力形象、品牌温暖形象兼备),进而获取品牌资产的高水平。乡村民宿对当地旅游资源进行开发和利用,并且传达符合游客需求的文化价值,以地方文化的呈现形成民宿品牌形象,驱动民宿品牌资产。对当地旅游资源的开发利用,若能做到与当地优秀的传统文化相融合,并获得游客的认可,将有效传播地方文化,形成乡村民宿的精神内核。游客通过民宿对当地特色景观的观览,将不仅仅停留于视觉享受,还能够从文化交互中获益。该模式适用于不同规模和区位的民宿,不同收入水平以及年龄偏低的消费者群体。

(5) 客体真实驱动型(VAE * USE * SSE)

该模式由乡村原真体验、独特风格体验、真挚服务体验共同驱动,形成民宿品牌形象,进而获取品牌资产的高水平。在该模式中,乡村原真体验、独特风格体验、真挚服务体验具有重要性,其形成了游客对民宿客体真实性的体验。相对于主体

第6章 游客真实性体验对乡村民宿品牌资产的影响模式细分比较

真实性,即游客通过旅游体验获得的自身真实性,游客体验乡村民宿首先对其客体真实性进行判断,即民宿是否具有当地特色,是否有民宿自身风格,以及民宿人员的服务如何。从规模上看,该模式主要由较小规模的乡村民宿形成,对于较小的乡村民宿,除了通过游客真实性体验同时获得品牌能力形象、品牌温暖形象外,还可以通过民宿的客体真实性,塑造民宿品牌温暖形象,来获取品牌资产。较小的乡村民宿能够通过对当地特色的呈现,与其他民宿差异性的打造,真诚朴实的服务者来打动游客,形成"小而暖"的形象,若与消费者的自我关联性加强则更有利于品牌资产的积累。从区位上看,周边民宿较容易通过游客的客体真实体验来影响民宿品牌能力形象,从而形成品牌资产。同时该模式对于不同年龄和收入水平的消费者来说都是适用的。

6.5.2 特殊模式分析

通过融入情境因素,在游客真实性体验对品牌资产的基本影响模式之外,还产生了一些特殊影响模式。与基本影响模式相比,其是在特定情境条件下所产生的一些影响模式,但同样能够形成品牌资产的高水平。

(1) 均衡驱动型(VAE * USE * SSE * SCE)

在该模式中,游客同时获得了乡村原真体验、独特风格体验、真挚服务体验和自我关联体验,乡村民宿在游客真实性体验的各个方面均衡发展,但不具备品牌形象,或只具备品牌的能力形象。当乡村民宿没有较为突出的真实性体验特征时,可以通过多方面提升游客真实性体验来发展品牌资产。该模式适用于规模较小或区位较近的民宿,以及收入水平偏低的游客群体。

(2) 环境感知驱动型(VAE * USE * SCE)

该模式由乡村原真体验、独特风格体验、自我关联体验驱动,在该模式中,缺乏真挚服务体验,因此民宿服务人员在其中的作用不强,消费者主要由民宿物理性环境引发的真实性体验来获取品牌能力形象,从而形成品牌资产。该模式适用于区位较近的民宿,一些消费者在周边民宿的体验中,对服务者的感知不强,但游客对民宿整体环境有较强的真实性体验,形成了民宿的品牌能力形象感知,从而增强民宿品牌资产。

(3) 综合服务驱动型(VAE * SSE * SCE)

该模式由乡村原真体验、独特风格体验、真挚服务体验驱动,在该模式中,缺乏独特风格体验,游客对乡村民宿品牌各方面的真实性体验都较强,但民宿品牌缺乏独特性,游客主要基于综合服务的真实性体验而依附于品牌,对民宿品牌产生品牌能力形象感知,从而形成民宿品牌资产。该模式适用于年龄偏大的游客群体。

（4）人员驱动型(SSE)

该模式主要由服务真挚感知驱动,由对民宿服务者的真实性感知产生民宿品牌的真实性感知。一些乡村民宿其品牌形象与服务者个人形象联系较为紧密,游客主要通过服务者来感知民宿品牌,当民宿服务者真挚性较强时,民宿品牌可以具备品牌能力形象和品牌温暖形象,形成较强的品牌资产。该模式适用于收入水平偏低的消费者群体,但覆盖了较少的案例(覆盖度0.04)。

（5）独特文化驱动型(USE * SCE)

该模式由独特风格感知和自我关联感知构成,在该模式中,乡村民宿品牌较为独特,并且符合游客价值需求,通常是拥有小众文化的乡村民宿品牌,在该模式下,民宿品牌能力形象和品牌温暖形象都较好,形成了较高水平的民宿品牌资产。该模式适用于收入水平偏低的游客群体。

6.5.3 基于情境条件的比较分析

（1）民宿规模

对于规模较小的乡村民宿,可选取情感驱动型、独特情怀驱动型、地方文化驱动型、客体真实驱动型、均衡驱动型的品牌资产影响模式。

对于规模较大的乡村民宿,可选取情感驱动型、独特情怀驱动型、民俗驱动型、地方文化驱动型的品牌资产影响模式。

通过对比发现,规模较小的乡村民宿与规模较大的乡村民宿,在建立品牌资产的过程中,游客真实性体验驱动模式存在重叠。但是对于规模较大的乡村民宿,游客需要较为突出的真实性体验组合,并且对民宿品牌的能力形象和温暖形象都有较高要求;对于规模较小的乡村民宿,游客对民宿品牌形象的要求稍低,除较为突出的真实性体验组合外,民宿品牌还可以通过对真实性体验要素的多方面提升来获取品牌资产。

（2）民宿区位

对于与游客居住地距离较近的民宿,主要存在情感驱动型、独特情怀驱动型、地方文化驱动型、客体真实驱动型、均衡驱动型、环境感知驱动型的品牌资产影响模式。

第6章 游客真实性体验对乡村民宿品牌资产的影响模式细分比较

对于与游客居住地距离较远的民宿,可选取情感驱动型、独特情怀驱动型、民宿驱动型、地方文化驱动型的品牌资产影响模式。

对比来看,与游客居住地距离较近的乡村民宿,其游客真实性体验需求的分异性较大,其对民宿品牌形象的要求没有那么严格,除较为突出的真实性体验要素组合驱动模式外,还可以通过真实性体验的多方面提升来获取品牌资产;对于与游客居住地距离较远的乡村民宿,游客需要较为突出的真实性体验要素组合,同时感知到品牌能力形象和品牌温暖形象,才能形成品牌资产的高水平。

(3) 游客年龄

对于年龄偏低的游客,可选取民俗驱动型、地方文化驱动型、客体真实驱动型的品牌资产影响模式。

对于年龄偏高的游客,可选取情感驱动型、独特情怀驱动型、民俗驱动型、客体真实驱动型、综合服务驱动型的品牌资产影响模式。

对比发现,对于年龄偏低的游客群体,其对真实性体验的需求较为集中,并且对乡村原真体验的关注度较高;对于年龄偏高的游客群体,其真实性体验需求分异性较大,其对真挚服务体验的需求较强。

(4) 游客收入

对于收入水平偏低的游客,可选取情感驱动型、独特情怀驱动型、地方文化驱动型、客体真实驱动型、均衡驱动型、人员驱动型、独特文化驱动型的品牌资产影响模式。

对于收入水平偏高的游客,可选取情感驱动型、民俗驱动型、地方文化驱动型、客体真实驱动型的品牌资产影响模式。

对比发现,收入水平偏低的游客群体,其对民宿真实性体验的需求分异性非常强,且对民宿品牌形象的要求偏低;对于收入水平较高的游客群体,其对民宿真实性体验的需求较集中,主要通过较突出的真实性体验要素组合来驱动民宿品牌资产,并且对民宿品牌的能力形象和温暖形象都有较高要求。

对基本影响模式、特殊影响模式及其适用性进行总结,如表6-13所示。

表6-13 游客真实性体验对乡村民宿品牌资产的影响模式及其适用性

	模式归纳	品牌形象 BAI / BWI	规模 ~HS / HS	区位 ~HD / HD	年龄 ~CA / CA	收入 ~CI / CI
基本模式	情感驱动型(SSE*SCE)	√ / √,√	√ / √	√ / √	√ / √	√ / √
	独特情怀驱动型(USE*SSE)	√ / √	√ / √	√ / √	√ / —	√ / —
	民俗驱动型(VAE*SSE)	√ / √	√ / √	√ / √	√ / √	√ / —
	地方文化驱动型(VAE*SCE)	√ / √	√ / —	— / —	— / —	— / —
	客体真实驱动型(VAE*USE*SSE)	√ / √	— / √	√ / —	√ / √	√ / —
特殊模式	均衡驱动型(VAE*USE*SSE*SCE)	√ / —	√ / —	√ / —	√ / —	— / —
	环境感知驱动型(VAE*SSE*SCE)	√ / —	— / √	— / —	— / —	— / —
	综合服务驱动型(VAE*USE*SSE)	√ / —	— / —	— / —	√ / —	— / —
	人员驱动型(SSE)	√ / —	— / —	— / —	— / —	√ / —
	独特文化驱动型(USE*SCE)	√ / √	— / —	— / —	— / —	√ / —

6.6 本章小结

本章通过真实性体验对民宿品牌资产影响的差异化分析,应用 fsQCA 方法,探究游客真实性体验对乡村民宿品牌资产的具体影响模式。研究共分为两个阶段,在第一个阶段将游客真实性体验、品牌形象视为乡村民宿品牌资产的核心条件变量,进行条件构型分析;在第二个阶段融入情境变量(组织类型、游客特征)进行条件构型分析,并与第一阶段的分析进行对比;最终归纳游客真实性体验对乡村民宿品牌资产的 5 种基本影响模式:情感驱动型、独特情怀驱动型、民俗驱动型、地方文化驱动型、客体真实驱动型,以及游客真实性体验对乡村民宿品牌资产的 5 种特殊影响模式:均衡驱动型、环境感知驱动型、综合服务驱动型、人员驱动型、独特文化驱动型。通过对影响模式适用性的比较,分析不同情境条件下游客真实性体验对乡村民宿品牌资产的影响模式及其差异。

第7章 基于游客真实性体验的乡村民宿品牌资产提升策略

综合第4章至第6章的研究结果,能够明确游客真实性体验对乡村民宿品牌资产的影响机制。其中,相关的因素包括驱动因素(乡村原真体验、独特风格体验、真挚服务体验、自我关联体验)、中介因素(品牌能力形象、品牌温暖形象)、结果因素(品牌资产)、情境因素(民宿规模、民宿区位、消费者年龄、消费者收入)。游客真实性体验对乡村民宿品牌资产影响机制的整体图景,如图7-1所示。

从总体上把握游客真实性体验对乡村民宿品牌资产的影响路径,主要分为"游客真实性体验—品牌资产"的直接影响路径、"游客真实性体验—品牌形象—品牌资产"的间接影响路径,分别形成游客真实性体验对乡村民宿品牌资产的直接影响机制、间接影响机制(传导机制)。通过对调研样本的比较分析,对总体影响关系进行拆解,归纳游客真实性体验对乡村民宿品牌资产的影响模式,通过将游客真实性体验、品牌形象作为核心条件变量,乡村民宿品牌资产的高水平作为结果变量,归纳出游客真实性体验组合要素对乡村民宿品牌资产的5种基本影响模式,即游客真实性体验各维度的协同机制;通过引入情境条件变量,分析在不同民宿规模、区位以及消费者年龄、收入水平的作用下,游客真实性体验对乡村民宿品牌资产影响模式的变化,归纳出游客真实性体验对乡村民宿品牌资产的5种特殊影响模式,即情境因素的调节机制。

根据游客真实性体验对乡村民宿品牌资产影响机制的整体图景,本研究从"优化游客真实性体验""塑造乡村民宿品牌形象""乡村民宿品牌差异化定位"三个方面,提出基于游客真实性体验的乡村民宿品牌资产提升策略。

7.1 优化游客真实性体验的相关策略

综合第5章和第6章的实证研究结果,可知,游客真实性体验各维度都有助于乡村民宿品牌资产的提升。依据研究结果,提供优化游客真实性体验以提升乡村民宿品牌资产的相关策略。

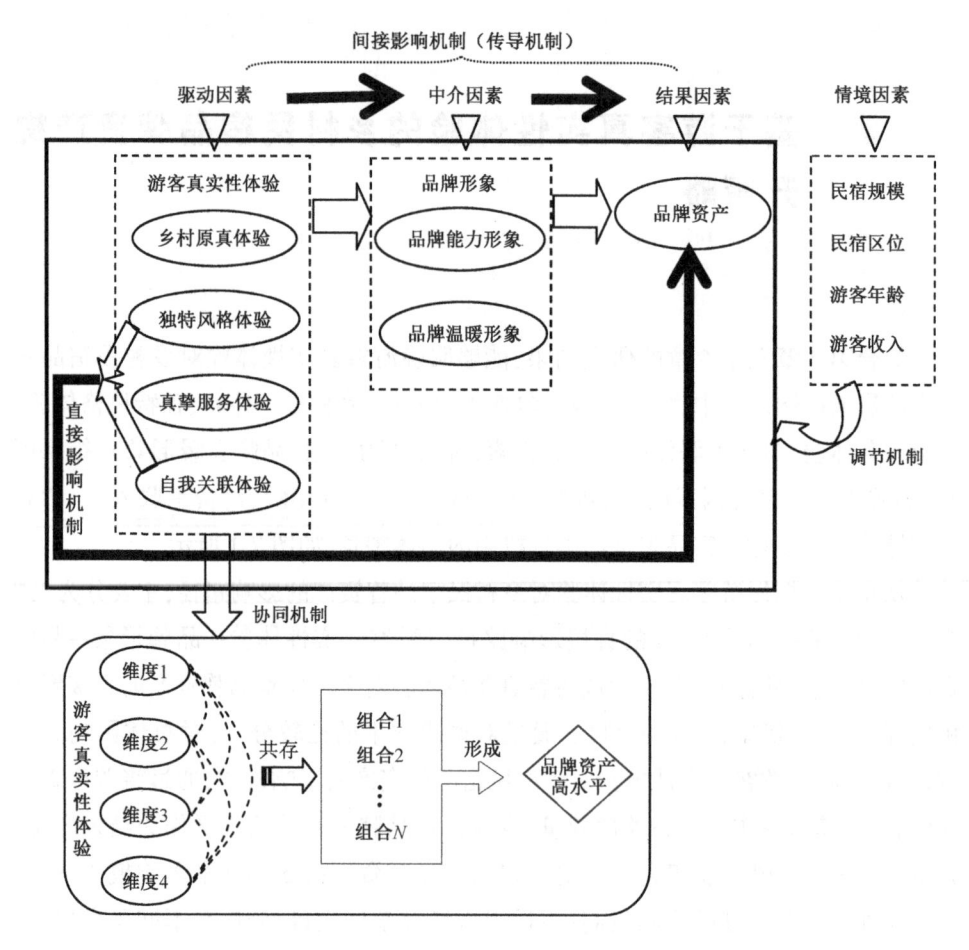

图 7-1　游客真实性体验对乡村民宿品牌资产的影响机制示意图

7.1.1　提升乡村民宿独特性与传达游客价值

通过第 5 章中的结构方程模型,分析游客真实性体验对乡村民宿品牌资产的影响路径。其中游客真实性体验对乡村民宿品牌资产存在直接的影响路径,在游客真实性体验的四个维度中,独特风格体验、自我关联体验能够对乡村民宿品牌资产产生直接的正向影响,说明独特风格体验、自我关联体验与游客对品牌的差异化反应关联更直接。当民宿体验独特时,或当游客感知到品牌与自身需求一致时,品牌效益更加突出,其中自我关联体验对品牌资产的影响路径系数(0.289)高于独特风格对品牌资产的影响路径系数(0.12),说明自我关联体验对于品牌资产的直接

第 7 章　基于游客真实性体验的乡村民宿品牌资产提升策略

影响更强。游客的乡村原真体验、真挚服务体验不能对乡村民宿品牌资产产生直接的正向影响,说明乡村原真体验、真挚服务体验与品牌差异化反应的关联是非直接性的,其品牌效益不突出,乡村原真体验是民宿品牌的基础性要求,而真挚服务体验是民宿品牌服务中的重要环节,其作为单独的游客真实性体验要素出现时,对品牌资产的影响作用不显著。

结构方程模型的实证研究结果表明,从总体上来说,游客在乡村民宿的独特风格体验和自我关联体验对民宿品牌资产有显著影响。个性化是乡村民宿的重要属性,为避免同质化,民宿品牌应注重创新,通过独特的民宿风格定位、创意的呈现、拓展民宿功能等实现品牌内核,打造乡村民宿品牌的独特感。乡村民宿品牌还需要针对目标客群进行精准营销,将品牌与游客需求紧密结合,为目标游客群体构建品牌含义。乡村民宿的品牌建设,从品牌确立伊始,再到品牌经营的各个阶段,都需要对消费者市场进行充分的分析,把握目标客群的需求,并传达价值。比较而言,游客的自我关联体验对乡村民宿品牌资产的影响效果更强,乡村民宿品牌是在特定的场所空间,向游客提供服务价值的传递过程。该过程能够实现游客与民宿品牌的双赢效果,当游客感受到自身与民宿品牌的紧密联结时,就会实现对民宿品牌的偏好;而民宿品牌也依据游客体验来塑造、提升民宿服务,将自身理解的民宿文化向游客进行传达。

7.1.2　重视真挚服务体验与自我关联体验

由第 5 章结构方程模型的研究结果可知,游客真实性体验各维度均能够对品牌能力形象和品牌温暖形象产生显著的正向影响,但其影响程度不同。对品牌能力形象和品牌温暖形象来说,游客真实性体验要素对其影响的排序一致,都为自我关联体验(0.423,0.409)>真挚服务体验(0.202,0.255)>乡村原真体验(0.164,0.12)>独特风格体验(0.152,0.105),说明在塑造民宿品牌形象时,自我关联体验、真挚服务体验的影响作用相对较强。在塑造民宿品牌形象时应强调民宿体验与消费者的需求一致性,或通过服务者来进行塑造。

总体而言,真挚服务体验和自我关联体验对乡村民宿品牌形象有强烈的正向影响。真挚服务体验与品牌资产的直接关联不强,但其可以通过品牌形象感知促进品牌资产的形成。对民宿服务者的感知是形成民宿品牌形象的重要来源,主人文化是民宿经营者对待游客的主人式服务和人文关怀,充满浓厚人情味和亲和力是打造民宿品牌不可或缺的特质,可以将个人情怀作为民宿品牌的一个吸睛点,理性把握社会大众的情感需求,找到经营者情怀和社会理性的最佳平衡点;随着乡村民宿经营方式的多样化,民宿主人不一定都能亲自进行接待,有时会雇用一些服务人员进行服务,为了使民宿的真挚服务被传达,需要提升一线服务人员的服务质量。自我关联体验对民宿品牌形象的影响作用是最强的,对消费者价值需求的实现是塑造民宿品牌形象的关键因素,与客体真实性体验相比,主体真实性体验更有助于游客获取民宿品牌形象感知,因此乡村民宿品牌应将对游客主体真实性体验的提升视为重点。

7.1.3 关注游客真实性体验的组合效应

由第 5 章结构方程模型的研究结果可知,在游客真实性体验的四个维度中,有些维度对乡村民宿品牌资产的影响效果并不强,如乡村原真体验、真挚服务体验不能够对品牌资产产生直接的影响作用。但是,该结论适用于每个维度单独发挥作用时。通过第 6 章定性比较分析的研究结果,游客真实性体验的各个维度能够在一定条件下发挥组合效应,每个维度都有助于形成较高水平的乡村民宿品牌资产。

具体来说,乡村原真体验通过与其他真实性体验的组合,可形成民俗驱动型、地方文化驱动型、客体真实性驱动型等品牌资产影响模式,主要是通过在地资源的充分利用,以突出地域特色为核心,增强乡村民宿品牌资产;对于综合性较强的真实性体验影响模式(均衡驱动型、环境感知驱动型、综合服务驱动型),也需要乡村原真体验的参与作用。独特风格体验与其他真实性体验要素的组合效应较强,可形成独特情怀驱动型、客体真实驱动型、均衡驱动型、综合服务驱动型、独特文化驱动型几种品牌资产影响模式。乡村民宿品牌还应注重独特风格体验与真挚服务体验、自我关联体验的组合效应,通过乡村民宿主人情怀及独特的民宿文化来促进民宿品牌形象和品牌资产的形成。乡村民宿的游客真实性体验并非孤立存在,而是通过协同作用形成特定模式,促进品牌资产的提升。

7.2 塑造乡村民宿品牌形象的相关策略

本研究将乡村民宿品牌形象划分为能力、温暖两个维度,通过第 6 章的实证研究,品牌能力形象、品牌温暖形象受到游客真实性体验的影响,并能够显著影响乡村民宿的品牌资产。品牌能力形象、品牌温暖形象均对品牌资产产生显著的正向影响,说明乡村民宿品牌资产的提升既需要品牌温暖形象,也需要品牌能力形象。

7.2.1 塑造"能力形象"与"温暖形象"

品牌形象在游客真实性体验对品牌资产之间的影响关系中发挥中介作用,游

第 7 章　基于游客真实性体验的乡村民宿品牌资产提升策略

客真实性体验可通过对品牌形象的感知作用来影响民宿品牌资产。通过第 6 章中的中介效应检验,品牌能力形象、品牌温暖形象在游客真实性体验各维度对品牌资产的影响关系中,均充当部分中介。其中,游客的"乡村原真体验"不能直接影响乡村民宿品牌资产,而是需要借由游客对乡村民宿品牌能力形象和品牌温暖形象的感知,进而形成民宿品牌资产,因此"品牌形象"两个维度在"乡村原真体验"对"品牌资产"关系中的中介效应较强(54.1%,53.33%)。类似地,游客的"真挚服务体验"也不能直接影响乡村民宿品牌资产,而是需要品牌能力形象和品牌温暖形象的中介作用(38%,42.59%)。游客的"自我关联体验"能够对品牌资产产生直接影响,但"品牌形象"仍在其对品牌资产的关系中起到部分中介作用(22.6%,27.54%);同样,游客的"独特风格体验"可借由品牌形象的部分中介作用(20%,18.84%)来形成品牌资产。这说明,品牌形象的两个维度在游客真实性体验对品牌资产的影响关系中具有重要的中介作用,游客真实性体验对乡村民宿品牌资产的驱动,需要通过品牌形象的作用,来进一步提升民宿品牌资产。

乡村民宿品牌需要重视对"能力"和"温暖"两方面品牌形象的塑造。一方面,对于游客而言,入住乡村民宿往往是去体验一种不同于城市酒店的家的氛围,因此乡村民宿品牌的温暖形象对游客而言至关重要,能够拉近游客与乡村民宿品牌之间的关系;另一方面,乡村民宿品牌还需要能力形象来实现游客对乡村民宿专业服务的期待,并显示出品牌竞争力,使游客确信自己的选择是正确的。因此,对乡村民宿来说,建设品牌资产,品牌的能力形象与温暖形象都十分重要。乡村民宿品牌温暖形象是民宿品牌所展示出的温馨、亲切、宽容、热情、真诚、可信赖等品牌个性特征;其品牌能力形象是民宿品牌所展示出的专业、效率、自信、竞争力和承诺性等品牌个性特征。相关研究表明,"能力"和"温暖"水平都较高的品牌位于品牌"黄金象限",是最流行的品牌,能够有效提升消费者品牌认知及行为。乡村民宿品牌若想获得长远发展,既需要重视品牌温暖形象,也需要重视品牌能力形象。

7.2.2　针对性提升品牌形象的不同侧面

根据第 6 章的研究结果,从总体上而言,游客真实性体验要素对品牌形象影响程度的排序显示为:自我关联体验>真挚服务体验>乡村原真体验>独特风格体验,但通过第 7 章的 fsQCA 共存度分析,游客真实性体验的不同维度与品牌能力形象和品牌温暖形象的共存度是不同的。对于品牌能力形象来说,其共存度排序情况为:自我关联体验>乡村原真体验>真挚服务体验>独特风格体验,自我关联体验反映了乡村民宿品牌对游客自我需求的满足程度较高,使游客对民宿品牌的形象认知是有能力的,对于乡村民宿品牌能力形象的提升,最重要的是对游客需求的评估与满足;乡村原真体验令游客感知到乡村民宿品牌与旅游地资源的结合性较强,也能够较好地增强民宿品牌的能力形象。乡村民宿品牌可以通过传达消费者价值需求及旅游地特色文化的呈现来增强民宿品牌能力形象。

对于品牌温暖形象来说,其共存度排序情况为:自我关联体验>真挚服务体验>独特风格体验>乡村原真体验,自我关联体验与乡村民宿品牌温暖形象也有较强的关联,当乡村民宿品牌与游客的自我需求一致性较强时,消费者感到品牌更加温暖;真挚服务体验通过服务者态度及行为等因素,来增强游客对品牌的温暖感知。当乡村民宿品牌针对品牌温暖形象进行提升时,需要更关注游客价值需求及服务者的参与作用。由此可知,虽然游客真实性体验各维度均能够对品牌形象两维度产生积极影响,但是对于乡村民宿品牌形象的不同侧面,可借由不同的维度针对性地进行提升。

7.3 乡村民宿品牌差异化定位的相关策略

第6章分析了游客真实性体验对乡村民宿品牌资产的影响模式,分别考察了游客真实性体验驱动的差异化模式,以及不同情境因素(民宿规模、民宿区位、消费者年龄、消费者收入)的影响作用,最终得到多种不同的影响模式,据此提供乡村民宿品牌差异化定位以提升品牌资产的相关策略。

7.3.1 依据游客真实性体验进行差异化定位

不同的乡村民宿品牌适宜呈现的真实性体验有所不同,依据第6章的研究结果,对于乡村民宿品牌而言,可根据不同的游客真实性体验组合来进行差异化的定位。从游客真实性体验对乡村民宿品牌资产影响的基本模式来看,其中存在着多种适应性较强的真实性体验组合模式,例如,情感驱动型更适用于民宿人员关怀性较强、民宿理念表达较清晰的民宿经营体;独特情怀驱动型比较适用于民宿经营者有较独特的民宿呈现风格设计、服务者参与感较强的民宿经营体;民俗驱动型较适用位于地域特色鲜明区域或对当地资源利用程度较好的民宿经营体;地方文化驱动型适用于地方特色鲜明且与游客价值需求结合较好的民宿经营体;客体真实性驱动型则适用于综合民宿客体吸引性较强的民宿经营体。乡村民宿品牌应通过品牌想要呈现的体验、品牌能够呈现的体验来进行综合判断,选择适宜的真实性体验

第7章 基于游客真实性体验的乡村民宿品牌资产提升策略

组合模式。

7.3.2 依据组织类型进行差异化定位

通过对不同影响模式适用性的比较,可以归纳出不同情境条件下游客真实性体验对乡村民宿品牌资产的影响趋势。其中规模较小的乡村民宿,其游客真实性体验需求分异性稍强,对民宿品牌形象的要求稍低;规模较大的乡村民宿,其游客真实性体验需求较集中,对民宿品牌形象的要求较高。与游客居住地距离较近的乡村民宿,其游客真实性体验需求的分异性较大,对民宿品牌形象的要求较低;与游客居住地距离较远的乡村民宿,其游客真实性体验需求较集中,对民宿品牌形象的要求较高。

不同的乡村民宿,资源基础并不相同,其所拥有的资源决定了其发展的方向及能力水平,并能够形成品牌特性,进行差异化的竞争。乡村民宿经营者如果不注意识别自身资源及能力,只看到成功品牌的经营模式,就会盲目模仿,忽略自身情况,使民宿品牌的发展举步维艰。乡村民宿的品牌资产发展过程并不是一步到位的,当乡村民宿拥有的资源及具备的能力水平有所欠缺时,可优先发展一些方面,后续再不断地提升和优化。当乡村民宿规模较小或主要吸收周边区域的游客时,乡村民宿品牌可通过一些游客真实性体验要素组合,集中塑造一方面的品牌形象;但当乡村民宿规模较大及目标客群可处于较远距离时,乡村民宿品牌对于品牌能力形象和品牌温暖形象都需要非常重视,需选择相应的品牌资产驱动模式。

7.3.3 依据客群特征进行差异化定位

当乡村民宿的客群不同时,其对乡村民宿品牌的要求也是不同的,乡村民宿品牌需要依据主要客群的特征对品牌进行差异化定位,来提升乡村民宿的品牌资产。

本研究关于影响模式的研究结果显示:年龄偏低的游客群体,其对真实性体验的需求较为集中,对乡村原真体验的关注度较高;年龄偏高的游客群体,其真实性体验需求分异性更强,其对真挚服务体验的关注度较高。收入水平偏低的消费者群体,其对真实性体验的需求分异性非常强,对民宿品牌形象的要求偏低;收入水平较高的消费者群体,其对真实性体验的需求较集中,对民宿品牌形象的要求较高。

当乡村民宿品牌将主要客群定位为年轻人时,品牌需要对旅游地特色有较好的呈现;当乡村民宿品牌将主要客群定位为中老年人时,品牌需要更重视服务者对游客的服务和关注度,以及不同游客对于民宿真实性体验的不同需求。当乡村民宿品牌定价较低时,品牌需要关注不同消费者群体的差异性,可以对消费者群体进行更加细致的分类,并集中塑造一方面的品牌形象;当乡村民宿品牌定价较高时,品牌需要对品牌形象的两个方面都非常重视,并选择较为主流的乡村民宿品牌资产驱动模式。

7.4 本章小结

本章综合第 4 章至第 6 章的研究结果,明确游客真实性体验对乡村民宿品牌资产的影响机制,包含直接影响机制、间接影响机制、协同机制和调节机制。依据研究结果,本研究从"优化游客真实性体验""塑造乡村民宿品牌形象""乡村民宿品牌差异化定位"三个方面,提出基于游客真实性体验的乡村民宿品牌资产提升策略。其中,优化游客真实性体验的相关策略包含:提升乡村民宿独特性与传达游客价值、重视真挚服务体验与自我关联体验、关注游客真实性体验的组合效应;塑造乡村民宿品牌形象的相关策略包含:塑造"能力形象"与"温暖形象"、针对性提升品牌形象的不同侧面。乡村民宿品牌差异化定位的相关策略包含:依据游客真实性体验进行差异化定位、依据组织类型进行差异化定位、依据客群特征进行差异化定位。

第8章 主要结论、创新点及研究展望

本研究针对游客真实性体验对乡村民宿品牌资产的影响机制进行探析,首先明确游客真实性体验与乡村民宿品牌资产之间的基本关系,进一步对主要变量的构成维度进行分析,构建游客真实性体验对乡村民宿品牌资产的影响模型,利用问卷调查法和结构方程模型分析法进行实证检验,并深化分析游客真实体验对乡村民宿品牌资产的细分影响模式,最终获得游客真实性体验对乡村民宿品牌资产的影响机制分析结果,并提出相关管理启示。

研究的成果主要体现在:

(1) 对游客真实性体验与乡村民宿品牌资产之间关系的研究结果。通过对乡村民宿品牌发展的分析,认为游客真实性体验对乡村民宿品牌资产存在积极影响作用。根据元分析结果,游客真实性体验与旅游品牌资产之间存在着较高的正向相关关系,其中"餐饮、住宿"类情境下显示出更高的相关性,品牌形象在游客真实性体验与品牌资产之间存在较强的中介效应,本研究认为游客真实性体验对乡村民宿品牌资产存在直接及间接的影响作用。

(2) 对乡村民宿情境下游客真实性体验、品牌形象、品牌资产的维度选取结果。基于游客真实性体验与乡村民宿品牌资产的基本关系框架,通过文本挖掘、理论分析等方法选取游客真实性体验、品牌形象、品牌资产的具体维度,将游客真实性体验划分为乡村原真体验、独特风格体验、真挚服务体验、自我关联体验四个维度,将品牌形象划分为品牌能力形象、品牌温暖形象两个维度,选取品牌资产的单维度进行研究。提出变量间的关系假设并进行元分析检验,最终构建游客真实性体验对乡村民宿品牌资产影响的理论模型。

(3) 游客真实性体验对乡村民宿品牌资产具体影响路径的研究结果。利用问卷调查法及结构方程模型分析法对模型进行实证检验,研究结果显示:部分游客真实性体验要素(独特风格体验、自我关联体验)可以直接影响乡村民宿品牌资产,形成游客真实性体验对乡村民宿品牌资产的直接影响路径;所有游客真实性体验要素均可通过品牌形象来影响乡村民宿的品牌资产,形成游客真实性体验对乡村民宿品牌资产的间接影响路径,其中品牌形象的两个维度(品牌能力形象、品牌温暖形象)在游客真实性体验对乡村民宿品牌资产影响关系中发挥中介作用。

(4)游客真实性体验对乡村民宿品牌资产的影响模式研究结果。通过fsQCA方法,分析游客真实性体验不同要素组合驱动下的品牌资产影响模式,并引入情境变量(民宿规模、民宿区位、消费者年龄、消费者收入),探讨不同情境下游客真实性体验对乡村民宿品牌资产的影响模式。研究结果显示,共存在游客真实性体验对乡村民宿品牌资产的5种基本影响模式:情感驱动型、独特情怀驱动型、民俗驱动型、地方文化驱动型、客体真实驱动型;以及游客真实性体验对乡村民宿品牌资产的5种特殊影响模式:均衡驱动型、环境感知驱动型、综合服务驱动型、人员驱动型、独特文化驱动型。

研究的创新点主要体现在:

(1)对乡村民宿品牌资产、游客真实性体验的量表进行了开发。品牌资产相关研究主要集中于传统产品或服务品牌,本研究基于乡村民宿品牌资产特征的分析,提出了乡村民宿品牌资产的度量方式,并进行了量表开发;过去游客真实性体验的相关研究主要集中于对旅游地情境的分析,针对旅游经营组织的相关研究处于起步阶段,本研究以建构主义真实性理论为依据,从旅游真实性与消费真实性的整合视角出发,对乡村民宿游客真实性体验的内容进行深入挖掘,并利用文本分析方法,对乡村民宿游客真实性体验的构成维度进行划分,总结各维度的操作性定义,完成量表的开发。

(2)构建了游客真实性体验对乡村民宿品牌资产的影响模型,并进行实证检验。本研究分析了游客真实性体验与乡村民宿品牌资产之间的关系,基于游客真实性体验、品牌形象、品牌资产之间的关系提出研究假设,利用元分析技术对相关关系进行检验,构建了游客真实性体验对乡村民宿品牌资产的影响模型。本研究选取典型案例地进行调查研究,利用结构方程模型对理论模型进行了实证检验,最终明确游客真实性体验对乡村民宿品牌资产的具体影响路径及影响程度。

(3)提出了游客真实性体验对乡村民宿品牌资产的不同影响模式。在游客真实性体验对乡村民宿品牌资产影响路径模型检验的基础上,本研究从细化研究的角度,对形成乡村民宿品牌资产高水平的游客真实性体验要素组合进行识别,并引入相关情境变量,从民宿类型和消费者特征两个角度,对不同情境下的乡村民宿品牌资产影响模式进行分析。最终提出了游客真实性体验对乡村民宿品牌资产的基

第8章 主要结论、创新点及研究展望

本影响模式和特殊影响模式。

研究的研究展望主要体现在：

（1）本研究在应用问卷调查法收集研究样本数据时，由于受到时间因素、地理因素、调研能力因素等影响，在调查样本范围上存在着一定的局限性。未来研究可通过选取不同的案例地，针对"游客真实性体验对乡村民宿品牌资产的影响机制"，对不同的案例地进行比较分析。

（2）本研究关于游客真实性体验对乡村民宿品牌资产的影响机制分析，主要以一定调研时期内调查结果的静态数据为依据对研究模型进行检验及分析，从横向分析的角度对不同情境因素下的影响关系进行比较分析。在后续研究中，可以通过调查追踪等手段，对研究主题进一步开展纵向分析，利用动态数据分析游客真实性体验对乡村民宿品牌资产的演化机制等。

（3）在游客真实性体验对乡村民宿品牌资产影响的情境变量选取上，本研究仅从组织类型、消费者人口统计学特征方面选取了四个主要的情境变量进行分析，针对游客真实性体验与乡村民宿品牌资产的影响机制，未来还可从消费者心理特征、行为特征等更多方面，对情境变量进行探索。

参考文献

[1] 过聚荣.民宿蓝皮书:中国旅游民宿发展报告(2019)[M].北京:社会科学文献出版社,2020.

[2] Berry L. Cultivating service brand equity[J]. Journal of the Academy of Marketing Science,2000,28(1):128-137.

[3] 王亚力,王楚君,向小辉,等.存在本真性视角下寻求本真自我的旅游动机分析框架[J].地理学报,2018,73(8):1586-1599.

[4] 李文勇,张广宇,谭通慧.基于品牌认知的游客本真性体验对民宿选择意向的影响研究:以甘堡藏寨为例[J].旅游论坛,2019,12(5):63-72.

[5] Aaker D. Building strong brands[M]. New York:Free Press,1996.

[6] Kotler P. Principles of marketing [M]. Hernel Hempstead:Prentice Hall,1996.

[7] 刘丽娟.基于消费者的旅游目的地品牌资产:模型构建与评价[D].天津:南开大学,2013.

[8] Keller K,Lehmann D. The brand value chain:optimizing strategic and financial performance[D]. Hanover:Dartmouth College,2002.

[9] Simon C J,Sullivan M W. The measurement and determinants of brand equity:a financial approach[J]. Marketing Science,2011,12(1):28-52.

[10] Doyle P. Building successful brands:the strategic options [J]. Journal of Product & Brand Management,1989,5(2):77-95.

[11] Nuseir M T. Assessing the impact of brand equity and demographic characteristics on brand loyalty:the mediating role played by customer experience in united arab emirates' hotel industry[J]. Journal of Hospitality & Tourism Research,2020.

[12] Aaker D. The value of brand equity[J]. Joumal of Business Strategy,1992,13(4):27-32.

[13] Keller K L. Building customer-based brand equity[J]. Marketing Management,2001(8):15-19.

[14] Zlem. Brand awareness, image, physical quality and employee behavior as building blocks of customer-based brand equity: consequences in the hotel context-ScienceDirec[J]. Journal of Hospitality and Tourism Management,2019,40:114-124.

[15] Bose S, Pradhan S, Bashir M. Customer-based place brand equity and tourism: a regional identity perspective[J]. Journal of Travel Research,2022:61(3): 511-527.

[16] Yoo B, Donthu N. Developing and validating a multidimensional consumer-based brand equity scale[J]. Journal of Business Research ,2001,52(1):1-14.

[17] Kao T, Lin W. The relationship between perceived e-service quality and brand equity: a simultaneous equations system approach[J]. Computers in Human Behavior,2016,57:208-218.

[18] Kuo C T. Integrated bed and breakfast into eco-tourism in guan ziling areas in taiwan[J]. Procedia - Social and Behavioral Sciences,2012,57:503-510.

[19] Pavia N, Cerovic M. Organizational culture—a factor of innovativess in homestay accommodation services: the case of a croatian island[C]. 7th International Conference on Innovation Management, Entrepreneurship and Sustainability(IMES),2019.

[20] Huang S, Hua X, Yun Y. The study on creative development of xiao'ao homestay village and dongsna gulf mud[C]. 4th International Conference on Education Science and Development (ICESD),2019.

[21] Wu S I, Lu C L. The relationship between CRM, RM, and business performance: A study of the hotel industry in Taiwan[J]. International Journal of Hospitality Management,2012,31(1):276-285.

[22] Leung D, Phong L T, Fong L H N, et al. The influence of consumers' implicit self-theories on homestay accommodation selection[J]. International Journal of Tourism Research,2021.

[23] Mody M A, Suess C, Lehto X. The accommodation experiencescape: a comparative assessment of hotels and Airbnb[J]. International Journal of Contemporary Hospitality Management,2017,29(9):2377-2404.

[24] Seric M, Mikulic J, Gil-saura I. Exploring relationships between customer-

based brand equity and its drivers and consequences in the hotel context. An impact-asymmetry assessment[J]. Current Issues in Tourism,2016:1-23.

[25] Seric M,Gil-Saura I,Mikulic J. Customer-based brand equity building:Empirical evidence from Croatian upscale hotels[J]. Journal of Vacation Marketing,2016.

[26] Hwang T,Lee T. An analysis of structural relationships between rural-tourism brand benefit,brand attachment,and brand loyalty[J]. Journal of Tourism and Leisure Research,2018,30(4):117-134.

[27] Liu R,Wong T C. Rural tourism in globalizing beijing:reproduction of the mountainous suburbs into a new space of leisure consumption[J]. Sustainability,2019,11(6).

[28] Svagzdiene P,Biruta,Dalia,et al. Characteristics of service quality evaluation in rural tourism sector:case of the baltic states[J]. Transformations in business & economics,2020,19(2A):495-510.

[29] Ahn Lee,Byung-Jun,Dong-Seop,et al. The structural relationships of farm village development work,brand equity and social and economic performance[J]. The Journal of the Korea Contents Association,2020,20(3):600-612.

[30] Wang N. Rethinking authenticity in tourism experience [J]. Annals of Tourism Research,1999,26(2):349-370.

[31] Lin V S,Yi X,Jin W,et al. The authenticity of heritage sites,tourists quest for existential authenticity,and destination loyalty[J]. Journal of Travel Research,2016,56(8):1032-1048.

[32] Choi B K,Park E,Lee T J. The role and dimensions of authenticity in heritage tourism[J]. Tourism Management,2019,74:99-109.

[33] Zhang T,Yin P. Testing the structural relationships of tourism authenticities [J]. Journal of Destination Marketing and Management,2020(18).

[34] Li H,Yu J,Xiao H. Are authentic tourists happier? Examining structural relationships amongst perceived cultural distance,existential authenticity,and wellbeing[J]. International Journal of Tourism Research,2019,22(6).

[35] Boorstin D. The Image:A guide to pseudo-events in america[M]. New York:Atheneum,1964:106.

[36] MacCannell D. Staged authenticity:arrangements of social space in tourist

settings[J]. American Journal of Sociology,1973,79(3):589-603.

[37] Sedmak G,Mihali T. Authenticity in mature seaside resorts[J]. Annals of Tourism Research,2008,35(4):1007-1031.

[38] Tomaz K,Vesna Z. A consumer-based model of authenticity:an oxymoron or the foundationof cultural heritage marketing? [J]. Tourism Management,2010,31(5):652-664.

[39] Olesen V. Selves and a changing social form:Notes on three types of hospitality[J]. Symbolic Interaction,1994,17(2):188.

[40] Di Domenico L,Miller G. Farming and tourism enterprise:experiential authenticity in the diversification of independent small-scale family farming[J]. Tourism Management,2012,33(2):285-294.

[41] Teng H Y,Chen C Y. Enhancing celebrity fan-destination relationship in film-induced tourism:The effect of authenticity[J]. Tourism Management Perspectives,2020(33):100-105.

[42] Mkono M. A netnographic examination of constructive authenticity in victoria falls tourist (restaurant) experiences[J]. International Journal of Hospitality Management,2012,31(2):387-394.

[43] Shirdastian H,Laroche M,Richard M O. Using big data analytics to study brand authenticity sentiments:The case of Starbucks on Twitter[J]. International Journal of Information Management,2017.

[44] Mody M,Hanks L. Consumption authenticity in the accommodations industry:the keys to brand love and brand loyalty for hotels and airbnb[J]. Journal of Travel Research,2019.

[45] Fierro A,Aranburu I. Airbnb branding:heritage as a branding element in the sharing economy[J]. Sustainability,2018,11(1).

[46] Jyotsna J H,Maurya U K. Experiencing the real village—a netnographic examination of perceived authenticity in rural tourism consumption[J]. Asia Pacific Journal of Tourism Research,2019,24(8):750-762.

[47] Xin L A,Zhw A,Bing X B,et al. Testing the associations between quality-based factors and their impacts on historic village tourism[J]. Tourism Management Perspectives,2019,32:100573.

[48] Kai,Yi Zhang,Ruige. Exploration of the characteristic development of rural landscape based on regional cultural characteristics[J]. Journal of environmental protection and ecology,2019,20:1-6.

[49] Smith R K,Newman G E,Dhar R. The Curse of the Original:When Product Change Undermines Authenticity[J]. 2017.

[50] Bryce D,Curran R,O'Gorman K,et al. Visitors' engagement and authenticity:Japanese heritage consumption[J]. Tourism Management,2015,46(2):571-581.

[51] Kim S H,Kim M,Holland S,et al. Consumer-based brand authenticity and brand trust in brand loyalty in the korean coffee shop market[J]. Journal of Hospitality & Tourism Research,2020,45(1).

[52] Napoli J,Dickinson S J,Beverland M B,et al. Measuring consumer-based brand authenticity[J]. Journal of Business Research,2014,67(6):1090-1098.

[53] Morhart F,et al. Brand authenticity:An integrative framework and measurement scale[J]. Journal of Consumer Psychology,2015,25(2):200-218.

[54] Barrio S D,Prados-Pea M. Do brand authenticity and brand credibility facilitate brand equity? The case of heritage destination brand extension[J]. Journal of Destination Marketing & Management,2019,13:10-23.

[55] Ivens B,Leischnig A,Muller B,Walta K. On the role of brand stereotypes in shaping consumer response toward brands:An empirical examination of direct and mediating effects of warmth and competence[J]. Psychology and Marketing,2015,32(8):808-820.

[56] Rampl L V,Kenning P. Employer brand trust and affect:linking brand personality to employer brand attractiveness[J]. European Journal of Marketing,2014,48(1/2):218-236.

[57] Wang C H,Hsu L C,Fang S R. Constructing a relationship-based brand equity model[J]. Service Business,2009,3(3):275.

[58] Gao Y,Mattila A S. Improving consumer satisfaction in green hotels:The roles of perceived warmth, perceived competence, and CSR motive[J]. International Journal of Hospitality Management,2014(42):20-31.

[59] Sivan P,Russell A,Michael B. The role of brand authenticity in developing brand trust[J]. Journal of Strategic Marketing,2018:1-16.

[60] Chen X, You E S, Lee T J, et al. The influence of historical nostalgia on a heritage destination's brand authenticity, brand attachment, and brand equity[J]. International Journal of Tourism Research, 2021.

[61] Liu C H. Local and international perspectives of the influence of creative experiences of Chinese traditional culture on revisit intentions[J]. Current Issues in Tourism, 2019:1-19.

[62] Sajjad F S F, Iqbal M I S. Impact of brand extension and brand image on brand equity[J]. 2015.

[63] Shabbir M Q, Khan A A, Khan S R. Brand loyalty brand image and brand equity: the mediating role of brand awareness[J]. International Journal of Innovation and Applied Studies, 2017, 19(2):2028-9324.

[64] Park H J, Lee T J. Influence of the "slow city" brand association on the behavioural intention of potential tourists[J]. Current Issues in Tourism, 2017:1-18.

[65] Begona, Alvarez, et al. How could reference price and loyalty influence brand choice? [J]. International Journal of Entrepreneurship & Small Business, 2006.

[66] Unurlu C. The effect of culture on brand loyalty through brand performance and brand personality[J]. International Journal of Tourism Research, 2017, 19(3).

[67] Kervyn N, Fiske S T, Malone C. Brands as intentional agents framework: How perceived intentions and ability can map brand perception[J]. Journal of Consumer Psychology, 2012, 22(2):166-176.

[68] Schivinski B, Langaro D, Fernandes T, et al. Social media brand engagement in the context of collaborative consumption: the case of Airbnb[J]. Journal of Brand Management, 2020, 27(3).

[69] Zou P J, He Y W. Exploring brand image of tourist attractions based on brand concept maps: taking jiuzhaigou and dujiangyan in sichuan province as examples[C]. 7th International Conference on Tourism and Hospitality between China-Spain (ICTCHS2017).

[70] Dnmez Y. The relation between the landscape design and brand image in purchase preferences of tourists: The case of Safranbolu and Nevehir, in Turkey[J]. Applied Ecology and Environmental Research, 2018, 16(1):629-643.

[71] Ryu K, Lehto X Y, Gordon S E, et al. Effect of a brand story structure on nar-

rative transportation and perceived brand image of luxury hotels[J]. Tourism management,2019,71(APR):348-363.

[72] 郑文清,肖平.基于顾客的品牌资产创建模型研究[J].商业研究,2011(6):14-18.

[73] 汪旭晖,李璐琳,陈凤麟.移动视频UGC如何影响品牌权益?:内容类型和信息框架的作用[J].财经论丛,2019(5):83-93.

[74] 何勋,杨自伟.五星级酒店品牌导向对员工品牌资产的影响机制研究[J].旅游学刊,2021,36(4):106-121.

[75] 杨一翁,孙国辉,陶晓波.公司品牌对品牌资产的影响机制:内、外部利益相关者视角[J].中央财经大学学报,2017(10):95-105.

[76] 冯芷菁,王纯阳.旅游产品创新、旅游地形象、感知价值与旅游地品牌资产的关系[J].五邑大学学报(社会科学版),2020,22(1):60-64,94-95.

[77] 安圣慧.我国服务业品牌创建路径研究[J].国际商务(对外经济贸易大学学报),2013(1):113-118.

[78] 耿闯闯,关辉国,陈达.顾客消费体验对品牌资产影响效应路径研究:基于线上价值共创的新视角[J].西北民族大学学报(哲学社会科学版),2018(1):80-88.

[79] 卢宏亮,许潇月,朱宇豪.自媒体时代消费者生态认知与区域农产品品牌资产创建[J].经济与管理评论,2020,36(6):150-160.

[80] 张辉,白长虹.旅游企业内部品牌化:研究述评及研究展望[J].旅游学刊,2018,33(3):61-74.

[81] 邓念梅,詹丽,黄进.鄂西南民族地区民宿旅游发展现状、风险及对策探讨[J].资源开发与市场,2014,30(7):880-882.

[82] 丁飞洋,郭庆海.游客感知视角下的民族地区民宿旅游开发研究[J].社会科学战线,2019(3):254-258.

[83] 王璐,郑向敏.乡村民宿"温度"与乡村振兴[J].旅游学刊,2021,36(4):7-10.

[84] 焦彦,徐虹,徐明.游客对商业性家庭企业的住宿体验:从建构主义真实性到存在主义真实性:以台湾民宿住客的优质体验为[J].人文地理,2017,32(6):129-136.

[85] 朱晓辉,黄蔚艳.基于调查分析的舟山乡村民宿旅游发展研究[J].中国

农业资源与区划,2019,40(2):174-180.

[86] 张圆刚,陈希,余向洋,等.旅游者的民宿认同机制及行为差异研究[J].人文地理,2019,34(5):117-125,148.

[87] 许宸,张毅玲.黄山市特色民宿旅游发展研究[J].商场现代化,2016(12):93-94.

[88] 陈春燕.文化旅游视野下的景区民宿发展研究[J].广西社会科学,2018(11):188-191.

[89] 高燕,郑焱.凤凰古城景观真实性感知比较研究:基于居民和旅游者视角[J].旅游学刊,2010,25(12):44-52.

[90] 刘梅,曾国军,刘博,等.跨地方饮食文化生产的过程研究:基于符号化的本真性视角[J].地理研究,2013,32(12):2366-2376.

[91] 陈晨,李辉.原真性视域下的文化景观遗产价值辨识重构:以红河哈尼梯田为例[J].云南民族大学学报(哲学社会科学版),2021,38(3):36-43.

[92] 谷松,薛岚.节庆体育文化原真性对游客行为意向的影响:基于楚雄、石林彝族火把节的实证研究[J].体育与科学,2020,41(1):112-120.

[93] 余意峰,张春燕,曾菊新,等.民族旅游地旅游者原真性感知、地方依恋与忠诚度研究:以湖北恩施州为例[J].人文地理,2017,32(2):145-151.

[94] 黄其新.乡村旅游:商品化、真实性及文化生态发展策略[J].西北农林科技大学学报(社会科学版),2014,14(4):133-136.

[95] 焦彦,臧德霞.现代性与真实性的结合:入境游客对旅游配套设施的体验研究[J].旅游学刊,2015,30(10):28-36.

[96] 刘雪宸,凌云,丁婧,等.青年选择分享型住宿的本真性动机研究[J].中国青年研究,2018(3):28-34.

[97] 刘云,晏雄.文化符号重构与游客认同:民族地区精品酒店开发的真实性研究:基于对松赞酒店的考察[J].西南民族大学学报(人文社科版),2020,41(5):46-50.

[98] 王汝辉,马志新.客观本真与存在本真的互动:川藏线骑行旅游研究[J].四川师范大学学报(社会科学版),2020,47(6):64-73.

[99] 简予繁,周志民.老字号品牌广告采用流行文化对品牌真实性的影响:一个有中介的调节模型[J].商业经济与管理,2019(5):57-68.

[100] 项朝阳,李茜凌.农产品品牌真实性对品牌推崇的影响研究[J].华中农

[101] 冯林燕,徐伟,王新新.国际化后本土品牌的真实性还影响购买意向吗?:消费者民族中心主义和合作地位的作用[J].商业经济与管理,2017(10):62-71.

[102] 王新新,刘伟.试论市场营销中真实性问题研究的缘起、主要内容与未来方向[J].外国经济与管理,2010,32(7):31-39.

[103] 徐伟,王新新.商业领域"真实性"及其营销策略研究探析[J].外国经济与管理,2012(6):59-67.

[104] 王新新,孔祥西,姚鹏.招爱还是致厌:并购条件下品牌真实性作用研究[J].上海财经大学学报,2020,22(5):50-64.

[105] 李文勇,杜法成,戚兴宇.旅游本真性、情感体验与地方依恋的关系研究[J].资源开发与市场,2018,34(6):878-883.

[106] 徐伟,王平,宋思根,等.老字号真实性与品牌权益:自我一致性与品牌体验的作用[J].财贸研究,2017(3):95-103.

[107] 龙嬿升,张红梅,梁昌勇,等.葡萄酒旅游目的地品牌形象影响因素扎根研究:以贺兰山东麓为例[J].中国软科学,2019(10):184-192.

[108] 许衍凤,杜恒波,赵晓康.餐饮老字号品牌延伸对品牌形象的影响机制研究:基于感知契合度的视角[J].北京工商大学学报(社会科学版),2015,30(5):99-107.

[109] 秦宗财.新时代"千年运河"文旅品牌形象塑造[J].江西社会科学,2021,41(1):235-243.

[110] 景娥.回族餐饮老字号品牌资产来源分析[J].北方民族大学学报(哲学社会科学版),2015(5):79-82.

[111] 张婧,蒋艳新.产业服务企业品牌导向对品牌资产的影响机制研究[J].管理评论,2016,28(3):184-195.

[112] 张永韬,杨洋,王虹,等.体育赞助对赛事品牌资产的影响:基于品牌形象逆转移的视角[J].武汉体育学院学报,2019,53(6):44-49.

[113] 王詠,马谋超.品牌特质检测:综合集成方法论的应用[C].2008年全国学术大会论文摘要集,中国社会心理学会,2008.

[114] 罗子明.品牌形象的构成及其测量[J].北京工商大学学报(社会科学版),2001(4):19-22.

[115] 龙成志.基于综合视角的品牌形象维度结构研究[J].广东商学院学报,2013,28(3):4-12.

[116] 吴波,李东进,杜立婷.消费者品牌感知研究:对品牌意图能动框架的延伸[J].管理评论,2015,27(2):87.

[117] Alastair M, Philip L, Gianna M, et al. Special accommodation: definition, markets served, and roles in tourism development[J]. Journal of Travel Research, 1996.

[118] Agyeiwaah E. Exploring the relevance of sustainability to micro tourism and hospitality accommodation enterprises (MTHAEs): evidence from home-stay owners[J]. Journal of Cleaner Production, 2019, 226: 159-171.

[119] Kuhzady S, Seyfi S. Peer-to-peer (P2P) accommodation in the sharing economy: A review[J]. Current Issues in Tourism, 2020, 1-16.

[120] Bachok S, Hasbullah H, Rahman S. Homestay operation under the purview of the ministry of tourism and culture of Malaysia: the case of Kelantan homestay operators[J]. Planning Malaysia. 2018, 16(6).

[121] Walter P, Regmi K D, Khanal P R. Host learning in community-based ecotourism in Nepal: the case of Sirubari and Ghalegaun Homestays[J]. Tourism Management Perspectives, 2018, 26: 49-58.

[122] 蒋佳倩,李艳.国内外旅游"民宿"研究综述[J].旅游研究,2014,6(4):16-22.

[123] 张培,喇明清.游客选择乡村民宿的意愿倾向及其营销启示[J].西南民族大学学报(人文社科版),2017,38(11):132-140.

[124] 萧登元,庄中铭.大陆旅客赴台自助旅行民宿接待之研究[J].中华管理评论国际学报,2014(2).

[125] 谢天慧.中国乡村旅游发展综述[J].湖北农业科学,2014(11):2715-2720.

[126] Aaker D. Managing brand equity[M]. New York: The Free Press, 1991.

[127] Keller K. Conceptualizing, measuring, and managing customer-based brand equity[J]. Journal of Marketing, 1993, 57(1): 1-22.

[128] Feldwick, Paul. What is brand equity anyway and how do you measure it[J]. Journal of the Marketing, 1996.

[129] 于春玲,赵平.品牌资产及其测评中的概念解析[J].南开管理评论,

2003(1):10-13.

[130] Christodoulides, George, de Chernatony, Leslie. Consumer-based brand equity conceptualization and measurement: a literature review[J]. International Journal of Market Research,2010(1):43-66.

[131] Randi P, Brian D, Till. Comparing a customer based brand equity scale with the implicit association test in examing consumer responses to brands[J]. Joumal of Brand Management,2010(17):413-428.

[132] Lau K. Revisting authenticity: a social realist approach[J]. Annals of Tourism Research,2010,37(2):478-498.

[133] Chhabra D. Defining authenticity and its determinants: Toward and authenticity flow model[J]. Journal of Travel Research,2005,44:64-73.

[134] Frisvoll S. Conceptualising authentication of ruralness[J]. Annals of Tourism Research,2013,43:272-296.

[135] Steiner J, Reisinger Y. Understanding existential authenticity[J]. Annals of Tourism Research,2006,33(2):299-318.

[136] Waitt G. Consuming heritage: Perceived historical authenticity[J]. Annals of Tourism Research,2000,27(4):835-862.

[137] Mantecón A, Huete R. The role of authenticity in tourism planning: Empirical findings from southeast Spain[J]. Tourism: An International Interdisciplinary Journal,2007,55(3):323-333.

[138] Belhassen Y, Caton K, Stewart P. The research for authenticity in the pilgrim experience[J]. Annals of Tourism Research,2008,35(3):668-689.

[139] 李雪欣,李海鹏.中国品牌定位理论研究综述[J].辽宁大学学报(哲学社会科学版),2012,40(3):100-106.

[140] 吴清津.旅游消费者行为学[M].北京:旅游教育出版社,2006.

[141] 杨春华.资源基础理论及其未来研究领域[J].商业研究,2010,4(7):26-29.

[142] 黄秋彧.我国民宿业发展的现状、问题与对策研究[J].产业与科技论坛,2020,19(22):12-13.

[143] 覃斯玥,唐凡茗.民宿个性化服务项目开发路径:以桂林阳朔为例[J].现代营销(学苑版),2021(12):67-69.

[144] 张英杰.数字背景下的乡村民宿产业特色探讨[J].商业经济,2022(3):48-50.

[145] 黄媛.旅游者人格特质与民宿产品满意度关系研究[D].天津:天津商业大学,2020.

[146] 包建楠.泰顺县乡村民宿游客满意度与发展对策研究[D].兰州:西北师范大学,2021.

[147] 周博文.乡村振兴齐鲁样板下山东乡村民宿发展思考[D].济南:山东建筑大学,2021.

[148] 江丽.湖北省十堰市沧浪海风景区民宿发展研究[D].桂林:广西师范大学,2021.

[149] 叶顺.乡村小型接待企业成长的内在机制、影响因素及对顾客体验的效应研究[D].杭州:浙江大学,2016.

[150] Jafari J. Tourism models: the sociocultural aspects[J]. Tourism Management,1987,8(2):151-159.

[151] Noy C. This Trip really changed me: Backpackers' narratives of self-change[J]. Annals of Tourism Research,2004,31(1):78-102.

[152] Kim H, Jamal T. Touristic quest for existential authenticity[J]. Annals of Tourism Research,2006,34(1):181-201.

[153] Cohen S. Lifestyle travellers: Backpacking as a way of life[J]. Annals of Tourism Research,2011,38(4):1535-1555.

[154] Wang Y. Customized authenticity begins at home[J]. Annals of Tourism Research,2007,34(3):789-804.

[155] Nguyen T. A Reflective - Formative Hierarchical Component Model of Perceived Authenticity[J]. Journal of Hospitality & Tourism Research,2020,44(1).

[156] Hyunjoo O, Prado P H M, Jose Carlos K, et al. The effect of brand authenticity on consumer - brand relationships[J]. Journal of Product & Brand Management,2019,28(2):231-241.

[157] Allan C, Dogan G, Carol Y. Authenticity perceptions, brand equity and brand choice intention: The case of ethnic restaurants[J]. International Journal of Hospitality Management,2015(50):36-45.

[158] Buil I, de Chernatony L, Martinez E. Examining the role of advertising and

sales promotions in brand equity creation[J]. Business Research, 2013, 66(1): 115-122.

[159] Ryu K, Han H, Kim T. The relationships among overall quick-casual restaurant image, perceived value, customer satisfaction, and behavioral intentions[J]. International Journal of Hospitality Management, 2008, 27(3): 459-469.

[160] Kim J H, Song H, Youn H. The chain of effects from authenticity cues to purchase intention: The role of emotions and restaurant image[J]. International Journal of Hospitality Management, 2019(85): 1-10.

[161] Chen R, Zhou Z, Zhan G, et al. The impact of destination brand authenticity and destination brand self-congruence on tourist loyalty: The mediating role of destination brand engagement[J]. Journal of Destination Marketing & Management, 2020(15): 1-11.

[162] Matthews L, Eilert M, Carlson L, et al. When and how frontline service employee authenticity influences purchase intentions[J]. Journal of Business Research, 2020(114).

[163] Yoo B, Donthu N, Lee S. An examination of selected marketing mix elements and brand equity[J]. Journal of the academy of Marketing Science, 2000, 28(2): 195-211.

[164] Filieri R, Lin Z, Antone S D, et al. A cultural approach to brand equity: The role of brand mianzi and brand popularity in China[J]. Journal of Brand Management, 2018.

[165] 吴波, 李东进. 基于刻板印象内容模型的品牌感知研究评介[J]. 外国经济与管理, 2013, 35(3): 57-63.

[166] Fiske S T. Social beings: A core motives approach to social psychology[M]. New Jersey: John Wiley & Sons, 2004.

[167] Bennett A, Hill R. The universality of warmthand competence: A response to brands as intentional agents[J]. Journal of Consumer Psychology, 2012, 22(2): 199-204.

[168] Biel A L. How brand image drives brand equity[J]. Journal of Advertising Research, 1992, 32(6).

[169] Korstanje M E, Handayani B. Place brand authenticity in social media inter-

action:a postmodern perspective[J]. 2017.

[170] Yildiz E,Lker-Demirel E. Measuring the effects of brand authenticity dimensions on word-of-mouth marketing via brand image using structural equation modeling[J]. International Journal of Business and Social Science,2017,8(3):121-130.

[171] Sharpley R,Sharpley J. Rural tourism:an introduction[M]. Connecticut:International Thomson Business Press,1997.

[172] Majewski J. Rurality as the core of tourism product-usefulness of geographic and economic approaches[J]. Acta Scientiarum Polonorum-Oeconomia,2010,9(4):287-294.

[173] Lu A,Gursoyd L. Authenticity perceptions,brand equity and brand choice intention:The case of ethnic restaurants[J]. International journal of hospitality management,2015(50):36-45.

[174] Lane B. What is rural tourism? [J]. Journal of Sustainable Tourism,1994,2(1/2):7-21.

[175] Krippendorf J. Ecological approach to tourism marketing[J]. Tourism Management,1987,8(2):174-176.

[176] Chhabra D,Healy R,Sills E. Staged authenticity and heritage tourism[J]. Annals of Tourism Research,2003,30(3):702-719.

[177] 张海洲,虞虎,徐雨晨,等.台湾地区民宿研究特点分析:兼论中国大陆民宿研究框架[J].旅游学刊,2019,34(1):95-111.

[178] Manthiou A,Kang J,Hyun S S,et al. The impact of brand authenticity on building brand love:an investigation of impression in memory and lifestyle-congruence[J]. International Journal of Hospitality Management,2018,75:38-47.

[179] JENNIFER AAKER,et al. Nonprofits Are Seen as Warm and For-Profits as Competent:Firm Stereotypes Matter[J]. Journal of Consumer Research,2010.

[180] 蔡晓梅,何瀚林.城市星级酒店的"无地方性"思考[J].旅游学刊,2013(3):8-9.

[181] Parsa H G,Self J T,Njite D,et al. Why restaurants fail[J]. Cornell hotel and restaurant administration quarterly,2005,46(3):304-322.

[182] Cheshina A,Amitb A,Kle E. The interpersonal effects of emotion intensity in customer service:Perceived appropriateness and authenticity of attendants' emotional

displays shape customer trust and satisfaction[J]. Organizational Behavior and Human Decision Processes,2018(144):97-111.

[183] Kim H,Jamal T. Touristic quest for existential authenticity[J]. Annals of Tourism Research,2007,34(1):181-201.

[184] Park W,MacInnis J,Priester J,et al. Brand attachment and brand attitude strength:conceptual and empirical differentiation of two critical brand equity drivers[J]. Journal of Marketing,2010,74(6):1-17.

[185] Mittal B. I,me,and mine-how products become consumers′ extended selves [J]. Joumal of Consumer Behaviour,2006,5(6):550-562.

[186] Aaker J,Garbinsky E,Vohs K. Cultivating admiration in brands:warmth, competence,and landing in the "golden quadrant" [J]. Journal of Consumer Psychology,2012,22(2):191-194.

[187] Andrei A,Zait A. Perceptions of warmth and competence in online networking:an experimental analysis of a company launch[J]. Review of Economic and Business,2014,7(1):11-29.

[188] Schallehn M,Burmann C,Riley N. Brand authenticity:model development and empirical testing[J]. Journal of Product & Brand Management,2014,23(3): 192-199.

[189] Coulter K,Coulter R. Determinants of trust in a service provider:the moderating role of length of relationship[J]. Journal of Services Marketing,2002,16(1): 35-50.

[190] Jiang H Y,Yin Q F. What effect the demand for homestays:evidence from Airbnb in China[J]. Applied Economics Letters,2020(1):1-5.

[191] Ye S,Xiao H,Zhou L. Small accommodation business growth in rural areas: effects on guest experience and financial performance[J]. International Journal of Hospitality Management,2018,76:29-38.

[192] 柯玲.中小企业的品牌建设与公司绩效关系的实证分析[J].统计与决策,2017,4(10):185-188.

[193] 黄永春,李光明,张钰.资源与环境双约束下中小企业品牌成长策略的动态演化:对蒙牛、恒源祥、格兰仕成长历程的跨案例分析[J].企业经济,2017,36(3):34-41.

[194] Yz A, Hs B, Kyc B, et al. The influence of tourists' perceived value and demographic characteristics on the homestay industry: a study based on social stratification theory[J]. Journal of Hospitality and Tourism Management, 2020, 45: 479-485.

[195] 周慧玲,王爱娥.不同年龄城镇居民的休闲行为差异研究:以湖南省永州市为例[J].资源开发与市场,2010,26(1):78-80.

[196] 程绍珊,叶宁.变局下的营销模式升级[M].北京:中华工商联合出版社,2014.

[197] 张明,杜运周.组织与管理研究中QCA方法的应用:定位、策略和方向[J].管理学报,2019,16(9):1312-1323.

[198] 陈汉辉,武佩剑,张献民.谁动了创业团队的"奶酪"?:基于fsQCA的团队异质性、团队互动及领导风格比较分析[J].财经论丛,2019(3):83-93.

附 录

乡村民宿游客体验调查问卷

您好！我们正在进行有关乡村民宿的游客体验调研工作,非常感谢您的协助与配合。请以您在某一乡村民宿的实际体验情况为准作答。本问卷为匿名填写,为搜集乡村民宿实际体验感受,请您不必顾忌,或有倾向性地填写(如刻意填写符合等)。问卷仅为调查研究所用,绝不对外披露个人资料,请您安心填写。您的耐心阅读和如实填写将是本次调查的成败关键,再次感谢您的支持!

一、基本资料

1. 请问,此乡村民宿的名称是:_____

2. 您去过此乡村民宿的次数为:

①0 次 ②1 次 ③2~5 次 ④6~9 次 ⑤10 次及以上

3. 此乡村民宿的客房数约为:

①7 间客房及以下 ②8~14 间客房 ③15~21 间客房 ④22 间客房及以上

4. 您所在居住地与该乡村民宿的车程约为:

①2.5 小时以内 ②2.5~5 小时 ③5~7.5 小时 ④7.5 小时及以上

5. 您在该乡村民宿的同行人员为(可多选):

①独自前行 ②家人 ③亲戚 ④朋友 ⑤伴侣 ⑥同学或同事

6. 该乡村民宿提供服务的包含(可多选):

①餐饮 ②住宿 ③当地文化体验活动 ④自备娱乐休闲项目 ⑤其他

7. 您在该乡村民宿的停留时间为:

①不足一天,且未过夜 ②不足一天,且过夜 ③1~3 天 ④3 天以上

8. 您对该乡村民宿的招牌或广告,印象最深刻的是?(可多选):

①名称 ②字体形象 ③色彩 ④整体设计 ⑤图标 ⑥招牌形状与材质 ⑦无

9. 您通过何种途径得知该乡村民宿(可多选)：

①亲友推荐　②网络搜寻　③媒体传播　④名人效应(与名人有关)

10. 请问,您的性别是：

①男　②女

11. 请问,您的年龄是：

①24 岁及以下　②25~34 岁　③35~44 岁　④45~54 岁　⑤55~64 岁 ⑥65 岁及以上

12. 请问,您的月收入情况为：

①1 000 元及以下　②1 001~2 000 元　③2 001~4 000 元　④4 001~6 000 元 ⑤6 001~8 000 元　⑥8 000 元以上

13. 请问,您的教育程度为：

①初中及以下　②高中(中专、技校)　③专科　④本科　⑤硕士及以上

二、问卷调查内容

请根据您的情况,选择最合适的选项,并在相应处打"√",其中"1"表示非常不同意,"2"表示比较不同意,"3"表示稍微不同意,"4"表示中立,"5"表示稍微同意,"6"表示比较同意,"7"表示非常同意。

	非常不同意到非常同意
	1　2　3　4　5　6　7

1. 此民宿的整体建筑和氛围具有当地特色

2. 此民宿的室内设计和家具陈设体现了当地风味

3. 此民宿景致与周边自然风光融为一体

4. 此民宿注重保护当地自然风貌

5. 此民宿内图文/声音/气味等信息,能够展现当地乡村特质

6. 此民宿有当地生活与农业体验项目

7. 此民宿供应的餐饮,其食材与烹饪方式依据当地传统

8. 此民宿与其他民宿有明显区别

9. 此民宿在众多民宿中显得突出

10. 我认为此民宿是与众不同的

11. 此民宿给人以原创的印象

续表

	非常不同意到非常同意
	1　2　3　4　5　6　7

12. 此民宿提供的体验是独特的

13. 此民宿表达出了特别的生活理念

14. 民宿服务者是真诚的

15. 民宿服务者是亲切的

16. 民宿服务者是真实的

17. 民宿服务者是自然的

18. 民宿服务者是虚伪的(反向题)

19. 民宿服务者喜欢经营民宿

20. 民宿服务者对民宿用心投入

21. 民宿服务者对民宿有深厚的热爱

22. 民宿服务者是胜任的

23. 民宿服务者乐于帮助消费者

24. 我感到可以信任和依赖民宿服务者

25. 此民宿能够为我的生活增添意义

26. 此民宿反映了我关心的重要价值

27. 此民宿将我与真实自我联系起来

28. 此民宿令我与我内心寻求的相联结

29. 此民宿与我的身份和形象相符合

30. 此民宿提供我预期的服务和体验

31. 此民宿提供主客之间互动交流的空间

32. 此民宿增进了人们的情感交流

33. 此民宿在其领域具有竞争力

34. 此民宿有能力实现对消费者的承诺

35. 此民宿实现其目标做法是熟练有效的

36. 此民宿在市场上是名副其实的

37. 此民宿的服务流程是有效率的

续表

	非常不同意到非常同意
	1 2 3 4 5 6 7

38. 此民宿具有和善的态度

39. 此民宿透过服务展现出慷慨的一面

40. 此民宿以消费者的最佳利益为行事依据

41. 此民宿令人感到温馨

42. 选择这家民宿是有明智的,即使其他家跟它差不多

43. 就算其他民宿有类似的服务特质,我也还是会选择这家

44. 如果其他民宿和这家一样好,我还是偏好这一家

45. 即使另一家民宿和这家没什么不同,去这家民宿也是更好的选择

46. 与其他民宿相比,我会向他人推荐这家民宿

47. 与其他民宿相比,我更愿意在网络上分享在这家民宿的美好经验

非常感谢您的耐心作答!